事业单位财务管理与内部控制

韩利燕　江丽红 ◎ 著

吉林出版集团股份有限公司

图书在版编目（CIP）数据

事业单位财务管理与内部控制 / 韩利燕，江丽红著
. — 长春 ：吉林出版集团股份有限公司，2021.7
ISBN 978-7-5731-0036-8

Ⅰ．①事… Ⅱ．①韩… ②江… Ⅲ．①行政事业单位
—财务管理—研究—中国 Ⅳ．① F812.2

中国版本图书馆 CIP 数据核字（2021）第 148723 号

事业单位财务管理与内部控制

著　　者	韩利燕　　江丽红
责任编辑	曲珊珊
封面设计	林　吉
开　　本	787mm×1092mm　　1/16
字　　数	240 千
印　　张	11
版　　次	2021 年 8 月第 1 版
印　　次	2021 年 8 月第 1 次印刷
出版发行	吉林出版集团股份有限公司
电　　话	总编办：010-63109269
	发行部：010-82751067
印　　刷	北京宝莲鸿图科技有限公司

ISBN　978-7-5731-0036-8　　　　　　　　　　定价：98.00 元

前　言

　　财务管理是事业单位科学管理的重要组成部分。经过一个多世纪的不断完善和发展，财务管理学形成了市场经济条件下自身的理论体系和方法体系。为了适应新形势的变化，我们结合近几年事业单位财务管理理论、方法和实务的发展，以及教学内容、教学方法改革的需要，秉承知识教育、技能训练和能力培养和谐发展的思想，以改革创新的精神，编写了本书。

　　内部控制的核心是"控制"，控制"不确定性"对经营目标的影响。这就要求事业单位应树立全面风险管理理念，高度重视风险管理人才的培养，培育风险文化，推进建立并优化内部控制体系工作的顺利进行，确保事业单位全面、可持续发展；加强 ERM 在完善优化内控流程分析中的指导作用，实现全面风险管理；强调从"防守"走向"进攻"，变威胁为机遇，变"被动"为"主动"；将内部控制体系的建设纳入公司治理体系，并以管理制度的形式明确下来；将风险管理嵌入各项经营活动之中，在风险识别与评估的基础上优化控制体系，明确风险管理体系建设与评价职能，建立并执行事业单位风险管理的报告制度；事业单位不仅要建立一套完整、系统、适合事业单位经营特色的内部控制规范体系，更要求事业单位的经营管理者具有风险管理理念与知识，做到高瞻远瞩，对未来有预见、有预估、有预防，能捕捉风险征兆，识别风险性质，抓住机遇，规避威胁，提高事业单位的可持续经营能力，确保经营目标的实现。

　　本书内容新颖、观点清晰、结构严谨，具有重点难点突出、管理流程清晰、密切结合实际、便于实际操作等特点，既可作为各类事业单位建立内部控制体系、实施风险管理的培训教材，也可作为事业单位管理专业人员、咨询机构人员、财会人员的参考书，还可作为高等院校相关专业教学参考书。

　　由于本人水平有限，时间仓促，书中不足之处在所难免，望各位读者、专家不吝赐教。

编　者

目　录

第一章 事业单位财务管理概述

第一节 事业单位财务管理的概念和内容

一、事业单位财务管理的概念

在商品经济条件下,商品是使用价值和价值的统一体,具有两重性。与此相联系,事业单位的再生产过程也具有两重性:一方面它表现为使用价值的生产和交换过程,即劳动者利用劳动手段作用于劳动对象,生产出产品并进行交换;另一方面则表现为价值的形成和实现过程,即将生产过程中已消耗的生产资料价值和劳动者支出的必要劳动价值转移到产品价值中,创造出新价值,并通过销售活动,最终实现产品的价值。使用价值的生产和交换过程是有形的,是商品的实物运动过程;而价值的形成和实现过程则是无形的,是商品再生产过程中的资金运动。至于资金,则是事业单位再生产过程中商品物资的货币表现。

在社会主义市场经济条件下,事业单位所涉及的经营领域包括生产经营领域和资本经营领域。在生产经营领域,包括供应、生产和销售三个过程。工业事业单位的资金,随着生产经营活动的进行,不断地改变形态,经过上述三个过程,周而复始地进行循环和周转。

在供应过程中,事业单位以货币资金购买材料等各种劳动对象,为生产储备必要的物资,货币资金就转化为储备资金。在生产过程中,工人利用劳动资料对劳动对象进行加工。这时,事业单位的资金即由原来的储备资金变化为在产品形式的生产资金。同时,在生产过程中,一部分货币资金由于支付职工工资和其他费用而转化为在产品资金。另外,在生产过程中,厂房和机器设备的损耗,也要转移到产品的价值中,也构成生产资金的一部分,当产品制造完毕时,生产资金又转化为成品资金。在销售过程中,事业单位将产品销售出去,获得销售收入,并收回货款,成品资金又转化为货币资金。事业单位再将收回的货币资金的一部分重新投入生产,用于购买原材料,支付费用,继续周转。

在资本经营领域,事业单位的财务活动又增添了新的内容。事业单位先以货币资金购买有价证券和其他对外直接投资,此时,事业单位将货币资金转化为非货币资金。在持有一定时间后,再将有价证券出售和转让其他对外直接投资,收回投资并获得投资收益,此时,非货币资金又转化为货币资金。

可见,事业单位的生产过程也就是事业单位资金运动的过程,其表现为事业单位钱和物的增减变动。

但应注意的是，在事业单位资金运动的过程中，事业单位与各相关利益主体不断地发生着一定的经济利益关系。

总之，事业单位财务活动是指事业单位在生产过程中客观存在的资金运动及其所体现的经济利益关系。财务管理是基于事业单位再生产过程中客观存在的财务活动和财务关系而产生的，它是事业单位组织财务活动，处理事业单位与有关方面财务关系的一项经济管理工作，是事业单位管理的重要组成部分。

二、事业单位财务管理的内容

事业单位财务管理所体现的是资金运动过程，而资金运动过程总是与一定的财务活动相联系，事业单位资金运动的形式是通过一定的财务活动内容来实现的。财务活动具体包括筹资、投资和资金分配等一系列行为。

1. 筹资

筹资是指事业单位为了满足各项财务运作的需要，筹集和集中所需资金的过程。在筹资过程中，事业单位一方面要确定筹资的总规模，以保证资金的总量供应；另一方面还要通过对筹资渠道和筹资方式的选择，保证资金在使用上的质量要求。在保证资金对数量和时间要求的前提下，还要寻找较低的筹资成本和可以承受的筹资风险，保持筹资结构的合理性。

一般而言，事业单位可从三个方面筹集资金：一是从所有者处取得资金，形成事业单位的资本金；二是从债权人处获得资金，形成事业单位的负债；三是从事业单位获利中以留存盈余的形式所取得的资金，形成事业单位的所有者权益。事业单位获得的资金，可以是货币资金，也可以是实物资产或无形资产等非货币资金形式。

2. 投资

投资是指以收回现金并取得收益为目的而发生的现金流出，它包括资金的运用、资金的耗费和资金的收回。事业单位取得资金后，必须将资金投入使用，以获取最大的经济利益，否则，筹资就失去了目的和效用。事业单位投资可以分为广义的投资和狭义的投资两种。广义的投资是指事业单位将筹集的资金投入使用的过程，包括事业单位内部使用资金的过程（如购买流动资产、固定资产、无形资产等）和对外投放资金的过程（如投资购买其他事业单位的股票、债券或与其他事业单位联营等）。狭义的投资仅指对外投资。无论事业单位购买内部所需资产，还是购买各种证券，都需要支付资金。而当事业单位变卖其对内投资形成的各种资产或收回其对外投资时，则会产生资金的收入。这种因事业单位投资而产生的资金的收付，便是由投资而引起的财务活动。

事业单位在投资过程中，必须考虑合理的投资规模（即为确保获取最佳的投资效益，事业单位应投入资金数额的多少）；同时，事业单位还必须通过投资方向和投资方式的选择，来确定合理的投资结构，以提高投资效益、降低投资风险。

3. 资金分配

事业单位通过投资以后取得收入，并相应实现资金的增值。分配总是作为投资的结果而出现的，它是对投资成果的分配。投资成果表现为取得的各种收入，并在扣除各种成本费用后获得利润，所以，广义地说，分配是指对投资收入和利润进行分割和分派的过程；而狭义的分配仅指对利润的分配。

事业单位取得的收入要用于弥补生产耗费，缴纳流转税，其余部分为事业单位的营业利润。营业利润和对外投资净收益、其他净收入构成事业单位的利润总额。利润总额首先要按国家规定缴纳所得税；税后利润要提取公积金和公益金，分别用于扩大积累、弥补亏损和改善职工集体福利设施；其余利润分配给投资者，或暂时留存事业单位，或作为投资者的追加投资。事业单位必须在国家的分配政策指导下，根据国家所确定的分配原则，合理确定分配的规模和分配的方式，以使事业单位获得最大的长期利益。

上述财务活动中的三个方面，不是相互分割、互不相关的，而是相互联系、相互依存的。正是上述互相联系又有一定区别的三个方面，构成了事业单位的财务活动，这三个方面也是事业单位财务管理的基本内容。

三、事业单位财务关系

事业单位在生产经营活动过程中，与有关各方发生的经济利益关系，称为财务关系。事业单位的财务关系有以下几个方面：

1. 事业单位与国家之间的财务关系

事业单位与国家之间的财务关系主要体现在两个方面：一是国家以管理者的身份，凭借其政治权利，无偿地参与事业单位的收益分配，其表现在事业单位必须按税法规定向国家缴纳各种税金。二是国家作为投资者，通过其授权部门或机构向事业单位投资，并根据其投资比例，参与事业单位的利润分配。前者体现的是强制和无偿的分配关系；后者则体现着所有权性质的投资和受资的关系。

2. 事业单位与其他投资者之间的财务关系

投资者一旦向事业单位投资，就成了事业单位的所有者，事业单位的所有者要按照投资合同、协议、章程的约定履行出资义务以便及时形成事业单位的资本。事业单位利用资本进行运营，实现利润后，应该按照出资比例或合同、协议、章程的约定，向其所有者支付投资报酬。如果同一事业单位有多个投资者，他们的出资比例不同，就决定了他们各自对事业单位所承担的责任不同，相应对事业单位享有的权力和利益也不同。这种财务关系也体现了所有权性质的投资与受资关系。

3. 事业单位与债权人之间的财务关系

这主要指事业单位向债权人借入资金，并按借款合同的规定按时支付利息和归还本金所形成的经济关系。事业单位除利用资本进行经营活动外，还要借人一定数量的资金，以便降低事业单位的资金成本，扩大事业单位经营规模。事业单位的债权人主要有本事业单位发行的公司债券的持有人、贷款机构、商业信用提供者、其他出借资金给事业单位的单位和个人。事业单位利用债权人的资金，要按约定的利息率，及时向债权人支付利息；债务到期时，要合理调度资金，按时向债权人归还本金。事业单位同债权人的财务关系在性质上属于债务与债权关系。

4. 事业单位与受资者之间的财务关系

事业单位与受资者之间的财务关系，主要是指事业单位以购买股票或直接投资的形式向其他事业单位投资所形成的经济关系。随着市场经济的深入发展，事业单位经营规模和经营范围不断扩大，这种关系将会越来越广泛。事业单位向其他单位投资，应按约定履行出资义务，并根据其出资额参与受资者的经营管理和利润分配。事业单位与受资者的财务关系也体现了所有权性质的投资与受资的关系。

5. 事业单位与债务人之间的财务关系

事业单位与债务人之间的财务关系，主要是指事业单位将其资金以购买债券、提供借款或商业信用等形式出借给其他单位所形成的经济关系。事业单位将资金借出后，有权要求其债务人按约定的条件支付利息和归还本金。事业单位与债务人的关系体现的是债权与债务关系。

6. 事业单位内部各单位之间的财务关系

事业单位内部的基本生产业务、基本建设项目、生活福利事业、在建工程支出的业务性质不同，必须分别管理，分别核算。这种不同业务之间的往来结算关系，是事业单位内部各部门之间财务关系的一种表现形式。事业单位内部各部门之间的另一种财务关系，表现为事业单位生产各部门以及各级生产单位之间，在相互提供产品和劳务的过程中所发生的资金结算关系。它体现了事业单位内部各单位之间的经济利益关系。

7. 事业单位与职工之间的财务关系

事业单位与职工之间的财务关系是指事业单位在向职工支付劳动报酬过程中所形成的经济关系，事业单位要用自身的产品销售收入，向职工支付工资、津贴和奖金等，即按照职工提供的劳动数量和质量支付职工的劳动报酬，并按照规定提取公益金等。这种事业单位与职工之间的结算关系，体现了社会主义的按劳分配关系。

第二节　事业单位财务管理的目标

一、事业单位的目标

事业单位是市场经济环境中生存和发展的经济主体。从事业单位长期生存需要来看，它不是一个简单的唯利是图的机构，而是一个对社会负责的平台。在生产社会需要的产品的同时，在追求价值保值增值的需求下，以保证自身生存为前提，通过发展更好地为社会大众服务，这样才能获得更长久的发展。

1. 生存

事业单位只有生存,才能获利。事业单位在市场竞争中的生存条件取决于两个方面:第一,事业单位要保持其正常经营所需的资金,就必须保证以收抵支。事业单位一方面付出资金,在市场上取得所需的资源;另一方面提供市场所需的商品和服务,从市场上换回资金。事业单位要开展正常的经营业务,就必须保证其收回的资金至少等于付出的资金。这是事业单位长期存续的基本条件。第二,事业单位的到期债务能够得到按期足额偿还。事业单位为了扩大经营规模和满足日常经营周转的需要,可以向事业单位外部借债,当事业单位无法履行对债权人的偿债义务时,将面临被债权人接管或被法院判定破产的命运。因此,长期亏损是事业单位终止经营的内在原因;不能偿还到期债务则是事业单位终止经营的直接原因。

2. 发展

事业单位在市场竞争中只有发展才能生存。事业单位的发展表现为扩大收入及不断提高产品和服务的质量。如果事业单位不能扩大自己的市场份额,事业单位将被其他事业单位排挤出去,从而会因失去生存空间而灭亡。事业单位的发展来自两个方面:一是事业单位竞争的软实力,其主要表现为事业单位先进的经营理念、技术和管理等。二是事业单位拥有的要素资源优势,其具体包括事业单位的资产、资本、资源占有以及其他相关的经营条件。在市场经济中,各种资源的取得都需要付出货币,事业单位的发展离不开资金。

3. 获利

事业单位只有获利,才有存在的价值。建立事业单位的目的就是为了盈利。盈利不但体现了事业单位的出发点和归宿,而且可以概括其他目标的实现程度,并有助于其他目标的实现。

二、事业单位的目标对财务管理的要求

1. 生存对财务管理的要求

事业单位生存的两个条件是以收抵支和到期偿债。其主要威胁来自于两个方面:一是长期亏损,它是事业单位终止的内在原因;二是不能偿还到期债务,它是事业单位终止的直接原因。亏损事业单位为了维持正常运营被迫进行偿债性筹资,借新债还旧债,如不能扭亏为盈,则迟早会因为借不到钱而使资金无法周转,从而不能偿还到期债务。盈利事业单位也可能因扩大生产经营规模而需要大量借款,但如果没有足够的资金偿还到期债务,将导致事业单位为偿债必须出售其资产,使生产经营无法持续下去。因此,力求保持以收抵支和偿还到期债务的能力,减少破产的风险,使事业单位能够长期、稳定地生存下去,是对财务管理的首要要求。

2. 发展对财务管理的要求

事业单位的发展集中表现为扩大收入。而扩大收入的根本途径是提高产品的质量,扩大销售的数量,这就要求不断更新设备、技术和工艺,并不断提高事业单位经营管理人

员的素质,也就是要投入更多、更好的物资资源、人力资源,并改进技术管理。在市场经济中,各种资源的取得都要付出货币,事业单位的发展离不开资金。因此,筹集事业单位发展所需要的资金是发展对财务管理的要求。

3. 获利对财务管理的要求

获利是建立事业单位的目的,而要让事业单位长期获利就需要在经营管理上做扎扎实实的工作,并处理好事业单位的眼前利益和长远利益之间的关系。因此,从事业单位获利的立场出发,对财务管理的要求是:通过合理、有效地使用资金使事业单位获利。

三、事业单位财务管理的目标

事业单位财务管理的目标是指事业单位在特定的理财环境中财务管理所要达到的最终目的。财务管理是事业单位管理的重要组成部分,财务管理的目标应与事业单位管理的最终目标一致。

根据事业单位财务管理理论和实践,关于事业单位财务管理的目标,有以下三种主要观点。

1. 利润最大化

利润是事业单位在一定时期内全部收入和全部费用的差额,它反映了事业单位当期经营活动中投入与产出对比的结果,利润越多,则事业单位财富增加得越多,它在一定程度上体现了事业单位经济效益的高低,它多少表明了事业单位竞争能力的大小,决定了事业单位的生存与发展。但利润最大化在实践中存在着一些难以解决的问题。

(1)没有考虑取得利润的时间。因为利润的取得是与一定时期相联系的,没有说明利润的形成时间,也就没有考虑资金的时间价值。例如,今年获利 100 万元和明年获利 100 万元哪一个更符合事业单位的目标?若不考虑资金的时间价值,就难以做出正确判断。

(2)没有考虑取得利润与投入资本额之间的关系。因为利润的取得是以投入的资本为条件的,如果不考虑投入资本这个条件,则不利于不同资本规模的事业单位或同一事业单位不同时期之间的比较。

(3)没有考虑取得利润与所承担风险的关系。例如,同样获利 100 万元,一个事业单位获利已全部转为现金,另一个事业单位获利则全部是应收账款,并可能发生坏账损失,若不考虑风险的大小,就难以做出正确判段。

(4)可能导致事业单位短期行为。如忽视技术开发、产品创新、安全生产及履行的社会责任等。

2. 资本利润率最大化或每股利润最大化

资本利润率是事业单位税后利润与资本额的比率;每股利润又称每股盈余,是税后利润与普通股股数的比率。前者说明了所有事业单位的投入产出关系,后者针对股份制公司。以资本利润率或每股利润最大化作为财务管理目标,可以克服利润最大化目标的一些缺陷,有利于不同资本规模的事业单位或同一事业单位不同期间的比较,揭示事业单位盈利水平的差异，但仍然存在以下三个缺点：①没有考虑取得利润的时间；②没有考虑取得利润与所承担风险的关系；③可能导致事业单位短期行为。

3. 事业单位价值最大化或股东财富最大化

事业单位的价值通俗地讲就是事业单位本身的市场价值。它反映事业单位给投资者带来的未来报酬，它包括获得的股利和出售股权所取得的现金。在资本经营领域中，买卖事业单位已是常事，而这种买卖要通过资本、产权市场来进行，市场对事业单位进行评价时，要关注事业单位具有的持久盈利能力，抵御风险的能力。这一目标考虑了资金时间价值和投资风险价值问题，也充分体现了事业单位对资产保值增值的要求，有利于纠正事业单位的短期行为。

在股份制事业单位尤其是股份有限公司，转让股份时所取得现金的多少就反映了该公司股东的财富的大小。当非上市公司在市场上进行产权转让时，其转让产权所获的现金就是该事业单位的市价，已经上市的股份有限公司，其股价代表着事业单位的价值，一般来讲，股价可以全面反映公司将来的盈利能力、预期收益能力、时间价值和风险价值等方面的因素及其变化。因此，事业单位价值最大化或股东财富最大化目标也就体现为股票价格最大化。

以事业单位价值最大化或股东财富最大化作为财务管理目标，其优点是：

（1）该目标考虑了资金时间价值和投资风险价值，有利于统筹安排长短期规划、合理选择投资方案、有效筹措资金、合理制定股利政策。

（2）该目标反映了对事业单位资产保值增值的要求，从某种意义上说，股东财富越多，事业单位市场价值就越大，追求股东财富最大化的结果可促使事业单位资产保值或增值。

（3）该目标有利于克服管理上的片面性和短期行为。

（4）该目标有利于社会资源合理配置。社会资金通常流向事业单位价值最大化或股东财富最大化的事业单位或行业，有利于实现社会效益最大化。

以事业单位价值最大化或股东财富最大化作为财务管理目标，也有其不足，具体表现为以下几点：

（1）对于股票上市事业单位，虽然可以通过股票价格的变动揭示事业单位价值，但是股价是受多种因素影响的结果，特别在短期市场上的股价不一定能够直接揭示事业单位的获利能力，只有长期趋势才能做到这一点。

（2）为了控股或稳定购销关系，事业单位不少采用环形持股的方式，相互持股。法人股东对股票市价的敏感程度远不及个人股东，对股价最大化目标没有足够兴趣。

（3）对于非上市事业单位，只有对事业单位进行专门的评估才能真正确定其价值。而在评估事业单位的价值时，由于受评估标准和评估方式的影响，这种估价不易做到客观和准确，这也导致事业单位价值确定的困难。

本书以事业单位价值最大化作为财务管理的目标。

四、财务管理的具体目标

财务管理的具体目标,取决于财务管理的具体内容。一般而言,有哪些财务管理的内容,就会随之有相应的具体目标。据此,财务管理的具体目标表现如下。

1. 筹资管理的目标

筹资管理的目标是在满足生产经营需要的前提下,不断降低资金成本和财务风险。

事业单位为了保证生产经营的需要,必须拥有一定数量的资金。事业单位的资金可以从多种渠道,用多种方式来筹集。不同来源的资金,其可使用时间的长短、附加条款的限制和资金成本的大小都不同,这就要求事业单位在筹资时不仅需要从数量上满足生产经营的需要,而且要考虑到各种筹资方式给事业单位带来的资金成本的高低,财务风险的大小,以便选择最佳的筹资方式。

2. 投资管理的目标

投资管理的目标是指认真进行投资项目的可行性研究,力求提高投资报酬,降低投资风险。

事业单位筹集来的资金要尽快用于生产经营,以便取得盈利。但任何投资决策都带有一定的风险性,因此,在投资时必须认真分析影响投资决策的各种因素,科学地进行可行性研究。对于投资项目,一方面要考虑项目建成后给事业单位带来的投资报酬,另一方面要考虑投资项目给事业单位带来的投资风险,以便在风险与报酬之间进行权衡,不断提高事业单位的价值。

3. 资金分配管理的目标

资金分配管理的目标是采取各种措施,合理制定事业单位利润分配政策,努力提高事业单位利润水平,谋求事业单位的最大价值。

事业单位进行生产经营活动,要发生一定的生产消耗,并取得一定的生产成果,获得利润。事业单位财务管理必须努力挖掘事业单位潜力,促使事业单位合理使用人力和物力,以尽可能少的耗费取得尽可能多的经营成果,增加事业单位盈利,提高事业单位价值。事业单位实现的利润,要合理进行分配。事业单位的利润分配不仅关系着国家、事业单位、事业单位所有者和事业单位职工的经济利益,而且涉及事业单位的现金流出量,从而影响事业单位财务的稳定性和安全性,影响事业单位价值最大化目标的实现。因此,在分配时,一定要从全局出发,正确处理国家利益、事业单位利益、事业单位所有者利益和事业单位职工利益之间可能发生的矛盾,要统筹兼顾,合理安排,而不能只顾一方,不顾其他。

第三节　事业单位财务管理的原则

事业单位财务管理的原则是事业单位在财务管理工作中所必须遵守的基本要求和行为规范。它是从事业单位财务管理的实践经验中概括出来的,体现事业单位财务管理活动规律性的行为规范,是对事业单位财务管理的基本要求。为确保实现事业单位的财务目标,事业单位财务管理的原则一般应包括以下几项。

一、成本效益原则

事业单位的财务管理,既要关心资金的流量,更要关心资金的增量。资金的增量不是指通过筹集活动所取得的资金的增加,而是指事业单位生产经营活动所产生的经营成果,即利润。资金的增量,涉及成本、收益这两个基本因素。成本效益原则,就是对事业单位生产经营活动中的所费与所得进行比较分析,使成本与收益得到最优的组合,以谋取更多的盈利。

事业单位财务管理的目标是坚持事业单位价值最大化,要达到此目标必须不断提高事业单位的经济效益,坚持成本效益原则。成本效益原则贯穿于事业单位的全部财务活动,如进行投资决策时,必须用投资额与经营期不断流人的收益进行对比分析;在筹资时,应对资金成本率与资金利润率进行对比分析等。事业单位在经营活动中,所发生的一切成本费用都是为获取收益,都可以与其相联系的收入进行比较分析。因此,事业单位在财务活动中,必须执行成本效益原则。

二、收支平衡原则

在事业单位财务管理中,要力求使资金的收支在数量上和时间上达到动态的平衡,这就是事业单位财务管理的平衡原则。从会计学角度来看,资产等于负债加所有者权益,这是一个必然相等的关系,这便是资金的静态平衡关系。事业单位财务管理追求的不仅是这种静态的平衡,而且追求资金的收支在数量上和时间上保持动态的协调平衡。

事业单位的财务收入,意味着一次资金循环的终结,而事业单位发生财务支出,则意味着另一次资金循环的开始,所以,资金的收支不仅在数量上而且在时间上保持协调平衡。收不抵支,固然会导致资金周转的中断或停滞,即使全月收支总额可以平衡,而支出大部分发生在先,收入大部分形成在后,也必然会妨碍资金的顺利周转。

收支平衡原则是事业单位财务管理的一项基本原则,事业单位财务管理的过程就是追求平衡的过程。如果不需要平衡,也就不需要事业单位财务管理。只有实现了财务收支的动态平衡,才能更好地实现事业单位财务管理的目标。在事业单位财务管理实践中,现金的收支计划、证券投资决策、筹资数量决策等都必须在这一原则指导下进行。

三、弹性原则

弹性原则是指在事业单位财务管理中,必须在追求准确和节约的同时,留有合理的伸缩余地,这就是事业单位财务管理的弹性原则。

在事业单位财务管理中,之所以要保持一定的弹性,主要是因为以下几个原因:

(1)事业单位财务管理环境是复杂多变的,目前缺乏完全的控制能力。

(2)事业单位财务管理人员的素质和能力也不可能达到理想的境界,在管理中可能会发生偏差。

（3）事业单位财务预测、财务决策、财务计划都是对未来的一种大致的规划，也不可能完全准确。因此，就要求在事业单位财务管理的各个方面和各个环节保持可调节余地。

把握事业单位财务管理原则的关键是防止弹性的过大或过小，因为弹性过大会造成浪费，而弹性过小会带来较大的风险。因此，确定弹性的大小应考虑以下几个问题：

（1）事业单位适应财务环境的能力。事业单位适应财务环境的能力越强，弹性可以越小；否则，就应该越大。

（2）不利事件出现可能性的大小。不利事件出现的可能性越小，弹性也越小，反之，弹性就越大。

（3）事业单位愿意承担风险的大小。如果事业单位愿意承担较大的风险，则弹性可以小一些，如果事业单位愿意承担较小的风险，则弹性可以大一些。

四、风险收益均衡原则

事业单位财务管理中的风险，通常是指事业单位经营活动的不确定性影响财务成果的不确定性。事业单位为了获得较多的收益，往往需要冒较大的风险；而风险越大，收益也越大。风险和收益均衡原则要求事业单位不能只顾追求最大的收益而不顾风险，风险越大，所要求的预期收益也就越高，使风险和收益适当地均衡，并采取措施分散风险，趋利避害，提高利润率，争取最大的收益。

风险按其形成的原因可分为经营风险和财务风险。经营风险是指由于生产经营上的原因给事业单位利润额或利润率带来的不确定性，它来源于事业单位外部条件的变动和事业单位内部的原因两个方面。来源于事业单位外部的经营风险主要包括：经济形势和经营环境的变化；市场供求和价格的变化。来源于内部的经营风险主要包括：产品结构和设备利用率的变化；工人劳动生产率和原材料使用情况的变化等。财务风险是指事业单位因借入资金上的原因给事业单位财务成果带来的不确定性。

总之，风险和收益均衡原则要求既考虑风险，又要注意资金结构优化，提高预期收益率。

五、优化原则

事业单位财务管理过程是一个不断进行分析、比较和选择，以实现最优的过程，这就是财务管理的优化原则。

在财务管理中贯彻优化原则，主要包括以下内容：

（1）多方案的最优选择问题。例如，在应收账款的信用政策决策中，经常会从多个方案中选择一个最优的方案，这时要根据优化原则，排除次优方案，选择最优方案。

（2）最优总量的确定问题。这种情况主要是研究在各种因素基本确定的情况下，如何确定最优总量。例如，存货的经济批量、事业单位筹资总额等的确定都要遵循优化原则。

（3）最优比例的确定问题。在总量确定后，还要确定各因素之间的比例关系，如资本结构的确定以及利润分配比例的确定等问题。

六、利益关系协调原则

在事业单位财务管理活动中，事业单位必然要发生事业单位内部和外部的各种经济利益关系，国家、所有者、债权人、经营者和职工之间的经济利益关系。在处理这些关系时，应维护有关各方的合法权益，协调他们的经济利益，以调动他们的积极性，保证事业单位实现财务目标。

利益关系协调原则一方面体现在对内协调的关系上，它表现为：厂部对生产经营好的车间、部门给予一定的奖励；对职工实行按劳分配原则，把职工收入与劳动成果联系起来。

利益关系协调原则的另一方面体现在：依法缴纳国家的各种税费，对债权人要按约定及时还本付息，对日常往来单位双方都要认真履行经济合同、维护双方的正当权益。

利益关系协调原则还体现在事业单位财务成果的分配上。根据财务通则和财务制度的规定，事业单位应在加强国家宏观调控和财务监督、约束的前提下，充分保障投资者的权益，处理好不同投资者的利益，协调好事业单位与职工之间的关系，以及投资者利润分配与再分配的关系，即事业单位依法缴纳所得税后，税后利润在弥补亏损、提取法定盈余公积金和公益金后，按投资协议、合同或者法律、法规规定在投资者之间分配。

第四节 事业单位财务管理的方法

事业单位财务管理的方法是为了实现财务管理目标，完成财务管理任务，在开展财务活动时所采用的各种技术和手段。要做好财务管理工作，必须掌握这些方法。这些方法包括财务预测方法、财务决策方法、财务计划方法、财务控制方法和财务分析方法等内容。这些财务管理方法在运用时要相互配合，同时，还要注意运用事业单位会计核算的有关资料，正确处理会计核算与事业单位财务管理的关系。

一、财务预测方法

财务预测是财务人员根据历史资料，依据现实条件，运用特定的方法对事业单位未来的财务活动和财务成果所作出的科学预计和测算。进行财务预测，是提高事业单位财务管理的预见性，避免盲目性，争取最优财务成果的重要措施。

财务预测的作用表现在以下几方面：①财务预测是财务决策的基础；②财务预测是编制财务计划的前提；③财务预测是组织日常财务活动的必要条件。

财务预测工作过程一般包括以下几方面：

（1）确定预测目标和对象。通过确定预测的目标和对象，明确预测所要达到的目的、内容和范围。

（2）收集和分析资料。对预测对象有关的历史资料和现实资料，通过分析、整理，去伪存真，去粗取精。

（3）选定特定的预测方法进行预测。根据预测的目的和掌握资料的具体情况，从众多的预测方法中选择一种或几种适当的预测方法，进行定性和定量预测，取得初步的预测结果。

（4）写出预测报告。根据预测结果，对已提出的各种方案进行科学论证，写出预测报告。

财务预测的方法很多，在预测时应根据具体情况有选择地利用这些方法。事业单位财务管理中常用的方法有定性预测法和定量预测法。

1. 定性预测法

定性预测法又称经验判断法，是一种凭借预测者个人或集体的智慧和经验进行分析、预测的方法。这种方法一般是在事业单位缺乏完备、准确的资料的情况下采用的。此预测过程是：首先由熟悉事业单位财务情况的专家，根据过去所积累的经验，进行分析判断，提出预测的初步方案；其次，再通过召开座谈会等形式，对上述预测方案进行讨论和补充，最后得出预测结果。

2. 定量预测法

定量预测法是根据变量之间存在的数量关系，建立数学模型来进行预测的方法。定量预测法又可分为趋势预测法和因果预测法。

（1）趋势预测法。趋势预测法是按时间顺序排列历史资料，根据事物发展的连续性来进行预测的一种方法。因为是按时间顺序排列历史资料，所以又称时间序列预测法。这类方法又可细分为算术平均法、加权平均法、指数平滑法、直线回归分析法和曲线回归分析法。

（2）因果预测法。因果预测法是根据历史资料，并通过仔细分析，明确地找出要预测因素与其他因素之间的因果关系，建立数学模型来进行预测的一种方法。

二、财务决策方法

财务决策是指在财务预测的前提下，在若干种经营和财务活动方案中，选择最优方案的过程。它决定着事业单位资金的使用方向和使用效果。财务决策的内容一般包括：筹资决策、投资决策和利润分配决策等。财务决策包括以下几个步骤：①确定决策目标；②提出备选方案；③选择最优方案。

财务决策的方法有很多，在事业单位财务管理中常见的有以下几种方法。

1. 优选对比法

优选对比法是把各种不同的方案排列在一起，按其经济效益的好坏进行优选对比，进而做出决策的方法。它是财务决策的基本方法。它可分为总量对比法、差量对比法和指标对比法。

（1）总量对比法。总量对比法是将不同方案的总收入、总成本或总利润进行对比，以确定最佳方案的一种方法。

（2）差量对比法。差量对比法是将不同方案的预期收入之间的差额进行比较，求出差量，进而做出决策的方法。

（3）指标对比法。它是把不同方案的经济效益指标进行对比，来确定最优方案的方法。例如，在进行长期投资决策时，可用不同投资方案的净现值、内含报酬率和现值指数等指标进行对比，从而选出最优方案。

2. 数学微分法

根据边际分析原理，运用数学微分方法，对具有曲线联系的极值问题进行求解，进而来确定最优方案的一种决策方法。

3. 线性规划法

根据运筹学原理，对具有线性联系的极值问题进行求解，从而确定最优方案的一种方法。

4. 概率决策法

这是一种风险决策的方法，由于事业单位对未来情况不十分明了，但各有关因素的未来状况及概率是可以预知的，因此用概率统计的方法来计算各个方案的期望值和标准离差，从而做出决策。

三、财务预算方法

财务预算是运用专业技术手段和数学方法，根据管理要求和事业单位实际，对未来财务活动做出的科学安排。它是财务预测和财务决策所确定的经营目标的具体化，也是财务控制、分析的主要依据。

财务计划的编制步骤有：①分析财务环境，确定预算指标；②协调财务能力，组织综合平衡；③选择预算方法，编制财务预算。

财务预算的方法有以下几种。

1. 固定预算法

固定预算法是按照计划期内固定单一的经济活动水平来编制预算的一种方法。这种方法的主要特点是预算编好后，在预算期内除特殊情况外，一般不作变动，具有相对固定性。固定财务预算由一些财务指标所组成，确定指标的方法有平衡法、因素法、比例法和定额法等。

（1）平衡法。它是利用有关指标客观存在的内在平衡关系计算、确定预算指标的方法。例如，在确定一定时期的现金期末余额时，便可利用如下公式：

现金期末余额 = 期初余额 + 计划期增加额 − 计划期减少额

（2）因素法。在编制财务预算时，根据影响某项目指标的各种因素，来推算该指标预算数的方法，叫因素法。因素法计算出的结果一般比较准确，但计算过程比较复杂。

（3）比例法。在编制财务预算时，根据事业单位历史已经形成而又比较稳定的各项指标之间的比例关系，来计算指标的方法，叫比例法。例如，在计算一定时期资金占用量时，可根据历史上的资金占用额占销售收入的比例和预算期销售收入来进行计算、确定。比例法的优点是计算简便，但所使用的比例必须恰当，否则会出现偏差。

（4）定额法。定额法是指在编制财务预算时，以定额作为预算指标的一种方法。在定额管理基础比较好的事业单位，采用定额法确定的计划指标不仅切合实际，而且有利于定额管理和计划管理相结合。但要经常注意根据实际变化情况不断修改定额，使定额切实可行。

2.弹性预算法

弹性预算法是指事业单位在不能准确预测业务量的情况下，根据资金、成本、利润与业务量之间有规律的联系，按照一系列不同的业务量来编制预算的一种方法。弹性预算法的编制程序一般为：

（1）选择和确定经济活动水平的计量单位（如产产量、直接人工小时、销售量）。

（2）确定不同情况下经营活动水平的范围，通常以正常生产经营条件下业务量的70%～120%为宜，其中弹性间隔以5%～10%为宜。

（3）确定资金、成本、利润同业务量水平下的预算指标。

（4）通过一定的表格进行汇总，编制出弹性预算。

弹性预算的主要优点是能够适应不同的实际经营水平的需要，其缺点是编制工作比较麻烦。

3.滚动预算法

滚动预算法是指计划期随着时间的推移而自行延伸的一种编制预算的方法。在这种预算方法下，预算期始终保持在某一特定的期限（通常为一年）之间。这就是说，当年度预算中某一季度或月份计划执行完毕时，其相邻的下一季度或月份预算立即递补上去，以使年度预算一直含有4个季度预算或12个月份的预算。

滚动预算的优点是始终使预算的执行者既有近期目标，也有远期目标，能有效克服短期行为。但滚动预算的编制工作比较复杂，特别是那些时间比较长的滚动预算，工作量更大。

四、财务控制方法

财务控制是利用有关信息和特定手段，对事业单位财务活动施加影响或调节，使之按设定的目标和轨迹运行的过程。实行财务控制是落实预算任务、保证预算实现的有效措施，是事业单位财务管理的关键。财务控制要经过以下几个步骤：①制定控制标准，分解落实责任；②实施追踪控制，及时调整误差；③分析执行情况，搞好考核奖惩。

财务控制方法有许多,现说明最常见的几种:

1. 防护性控制

防护性控制又称排除干扰控制。是指在财务活动产生前,就制定一系列制度和规定,把可能产生的差异予以排除的一种控制方法。例如,为了保证现金的安全和完整,就要规定现金的使用范围,制定好内部牵制制度;为了节约各种开支费用,则可事先规定开支标准等。排除干扰是最彻底的控制方法,但排除干扰要求对被控制对象要有绝对的控制能力。在财务管理中,各种事先制定的标准、制度、规定都可以看作是排除干扰的方法。

2. 前馈性控制

前馈性控制又称补偿干扰控制。是指通过对实际财务系统运行的监视,运用科学预测可能出现的偏差,采取一定措施,使差异得以消除的一种控制方法。这种方法要求掌握大量信息,并进行准确预测。

3. 反馈性控制

反馈性控制又称平衡偏差控制:是在认真分析的基础上,发现实际与计划之间的差异,确定差异产生的原因,采取确实有效的措施,调整实际财务活动或调整财务计划,使差异得以消除或避免今后出现类似差异的一种控制方法。

第二章 投资管理

第一节 流动资产投资管理概述

流动资产是事业单位资产的重要组成部分，是指在一年内或超过一年的一个营业周期内可以变现或运用的资产，包括现金及各种存款、短期投资、应收及预付款项、存货等。事业单位拥有较多的流动资产，可在一定程度上降低财务风险。

一、流动资产投资特点

事业单位对其所属流动资产进行的投资称为流动资产投资，有时又称经营性投资。与其他投资类型相比，事业单位的流动资产投资具有以下特点。

（1）投资的回收时间较短。事业单位投资于流动资产的资金，周转一次所需时间较短，通常会在一年或一个营业周期内收回，对事业单位影响的时间比较短。根据这一特点，流动资产投资中所需要的资金可用商业信用、银行短期借款等筹资方式来加以解决。

（2）投资周转速度快，变现能力强。应收账款、短期投资、存货等流动资产具有较强的变现能力，若事业单位遇到意外情况而出现资金周转不灵、现金短缺时，便可以迅速变现这些资产，以获取现金，这对于财务上应付临时性资金需求具有较大意义。

（3）投资数量波动很大。流动资产的数量会随事业单位内外条件的变化而变化，时高时低，波动很大。季节性事业单位如此，非季节性事业单位也如此。随着流动资产数量的变动，流动负债的数量也会相应发生变动。

（4）投资表现形态多样化。事业单位流动资产的占用或表现形态是经常变化、多种多样的，一般在现金、材料、在产品、产成品、应收账款、现金之间顺序转化并表现为相应的具体形态。因此，对各项流动资产配置合理资金数额，是事业单位流动资产投资关键之所在。

二、流动资产投资程序

流动资产投资的风险较小，其预期期限短，预测一般较准；耗资小，影响不大，即使发生意外，还可变为现金。但流动资产投资频繁发生，也使得事业单位不能对每一项投资都做深入细致的研究，所以，流动资产投资程序较为简单，主要包括以下步骤。

（1）根据事业单位生产经营状况，提出有关投资项目。流动资产投资一般都是配合生产经营需要所进行的投资。当生产经营需要扩大规模、调整结构时都会提出临时资金投放需要,如为了增加销售收入而必须适当增加应收账款、存货等方面的投资。除此之外,流动资产投资也会由于现金的盈余而提出,如事业单位为充分利用闲余资金,必须将其投入到生产经营中或证券市场上。这些投资一般由公司各部门负责人根据管理上的客观需要提出流动资产投资方案。

（2）分析投资方案的成本与收益,做出投资决策。事业单位管理决策当局应召集有关专家,对部门负责人提出的流动资产投资方案进行成本效益分析。其决策的基本原则是其投资方案的收益大于成本。

（3）编制现金流量计划,确定筹资数量。流动资产投资涉及现金的流出,而事业单位的生产经营活动以及对外投资活动也会产生现金流入流出,两者相抵后才是现金净流量。事业单位在不同时点因生产经营以及对外投资所产生的现金净流量可正可负。流动资产投资一方面要与此相适应,现金净流量为正时扩大投资,现金净流量为负时,缩小投资或不再追加新投资;另一方面,对于确有必要的投资,事业单位必须从外部筹集资金,最终实现现金总流入与总流出的平衡。

（4）搞好投资信息反馈,为今后继续投资打下基础。流动资产投资经常会重复发生,因而,在投资实施以后,就要及时反馈信息,以利于今后的投资。事业单位的流动资产投资决策往往都是凭以往的经验做出的,因而这种信息反馈是提供经验教训的重要途径,因此,应及时反馈信息,以利于今后的流动资产投资。

三、营运资金管理

营运资金又称营运资本,是指事业单位在生产经营活动中投资于流动资产上的资金。它有两种不同的理解。广义的营运资金也叫毛营运资金,是指事业单位的流动资产总额;狭义的营运资金又称净营运资金,是指流动资产减去流动负债的余额。流动资产按照用途划分,可以分为临时性流动资产和永久性流动资产。临时性流动资产指那些受季节性、周期性影响的流动资产,如季节性存货、销售和经营旺季（如零售业的销售旺季在春节期间等）的应收账款;永久性流动资产则指那些即使事业单位处于经营低谷也仍然需要保留的、用于满足事业单位长期稳定需要的流动资产。与流动资产按照用途划分的方法相对应,流动负债也可以分为临时性负债和自发性负债。临时性负债指为了满足临时性流动资金需要所发生的负债,如商业零售事业单位春节前为满足节日销售需要,超量购入货物而举借的债务等;自发性负债指直接产生于事业单位持续经营中的负债,如商业信用筹资和日常运营中产生的其他应付款,以及应付工资、应付利息、应付税金等。

营运资金管理的目的在于从总体上研究流动资产的存量配置及其相应的资金来源,以便制订适合事业单位自身的营运资金管理政策。

（一）营运资金的规模管理

营运资金持有规模的大小,影响着事业单位的收益和风险。较高的营运资金持有量,意味着在固定资产、流动负债和业务量一定的情况下,流动资产额较高,即事业单位拥有着较多的现金、有价证券和保险储备量较高的存货。这会使事业单位有较大把握按时支付到期债务,及时供应生产用材料和准时向客户提供产品,从而保证经营活动平衡地进行,风险性较小。但是,由于流动资产的收益性一般低于固定资产,所以较高的总资产拥有量和较高的流动资产比重会降低事业单位的收益性。而较低的营运资金持有量带来的后果正好相反。此时,因为较低的总资产拥有量和较低的流动资产比重,会使事业单位的收益率较高;但较少的现金、有价证券量和较低的存货保险储备量却会降低偿债能力和采购的支付能力,造成信用损失、材料供应中断和生产阻塞;还将由于不能及时向购买方供货而失去客户。这些都会加大事业单位的风险。

通过以上分析可以看到,营运资金持有规模的确定,就是在收益和风险之间进行权衡。这种持有较高的营运资金被称为宽松的营运资金政策;而持有较低的营运资金被称为紧缩的营运资金政策。前者的收益、风险均较低;后者的收益、风险均较高。介于两者之间的,是适中的营运资金政策。在适中的营运资金政策下,营运资金的持有量不高也不低,恰好现金足够支付所需,存货足够满足生产和销售所需,除非利息高于资本成本(这种情况不大可能发生),一般事业单位不保留有价证券。也就是说,适中的营运资金政策对于投资者财富最大化来讲理论上是最佳的。然而,人们却难以量化地描述适中政策的营运资金持有量。这是因为这一营运资金水平是多种因素共同作用的结果,包括销售水平、存货和应收账款的周转速度等。所以,各事业单位应当根据自身的具体情况和环境条件,综合权衡收益和风险,来确定适当的营运资金的持有规模。

(二)营运资金筹集政策

营运资金筹集政策就如何安排临时性流动资产和永久性流动资产的资金来源而言,一般可以分为三种,即配合型筹资政策、激进型筹资政策和稳健型筹资政策。

1.配合型筹资政策

配合型筹资政策的特点是:对于临时性流动资产,运用临时性负债筹集资金满足其资金需要;对于永久性流动资产和固定资产(统称为永久性资产,下同),运用长期负债、自发性负债和权益资本筹集资金满足其资金需要。

配合型筹资政策要求事业单位临时负债筹资计划严密,实现现金流动与预期安排相一致。在季节性低谷时,事业单位应当除了自发性负债外没有其他流动负债;只有在临时性流动资产的需求高峰期,事业单位才举借各种临时性债务。

这种筹资政策的基本思想是将资产与负债的期间相配合,以降低事业单位不能偿还到期债务的风险和尽可能降低债务的资本成本。但是,事实上由于资产使用寿命的不确定性,往往达不到资产与负债的完全配合。

2.激进型筹资政策

激进型筹资政策的特点是:临时性负债不但融通临时性流动资产的资金需要,还解决部分永久性资产的资金需要。

3.稳健型筹资政策

稳健型筹资政策的特点是：临时性负债只融通部分临时性流动资产的资金需要，另一部分临时性流动资产和永久性资产，则由长期负债、自发性负债和权益资本作为资金来源。

一般地说，如果事业单位能够驾驭资金的使用，采用收益和风险配合得较为适中的配合型筹资政策是有利的。

第二节　货币资金管理

货币资金是事业单位流动性最强的资金，包括库存现金、各种形式的银行存款和银行本票、银行汇票等，也称之为广义的现金（为表述方便，下文均采用"现金"一词）。

一、事业单位持有现金的目的

事业单位持有现金是为了满足下列三方面的需要。

（一）交易性需要

交易性需要，是指事业单位为了应付日常生产经营活动的需要而持有现金，包括购买原材料、支付工资和管理费用、支付税款和支付股利等的需要。尽管事业单位会经常取得销售收入，但不可能总是在时间上和数量上符合支出的需要。如果没有适当的现金余额，事业单位的生产经营活动就不可能正常运转下去。

（二）预防性需要

预防性需要，是指事业单位需要持有现金用于防止意外。事业单位现金的收支预测通常不可能做到准确无误，这使得事业单位不得不置存一定现金余额以防不测。预防性现金需要量的多少取决于现金收支预测的可靠程度、事业单位临时借款的能力和事业单位愿意承担风险的程度这三个因素。

（三）投机性需要

投机性需要，是指事业单位置存现金可用于不同寻常的购买机会。如遇有廉价物资供应机会，可以适时购入；又如在适当时机购入价格有利的短期有价证券等。这种为了投机性需要而置存的现金，其目的在于增加事业单位收益。投机性动机只是事业单位确定现金余额时所需考虑的次要因素，其持有量的大小往往与事业单位在金融市场的投机机会及事业单位对待风险的态度有关。

二、最佳现金持有量

事业单位拥有足够的现金对于降低事业单位的风险、增加资产的流动性和债务的可清偿性有着重要的意义。然而现金持有量过多会降低事业单位的收益水平。因此，事业单位必须合理确定现金持有量,使现金不但在数量上,而且在时间上相互衔接,以便在保证事业单位正常生产经营活动的同时尽量减少事业单位闲置的现金数量,提高资金收益率。

最佳现金持有量,是对事业单位正常生产经营活动最有利的现金余额。下面介绍三种确定最佳现金持有量的方法。

(一)成本分析模式

成本分析模式是分析持有现金的成本,寻找持有成本最低的现金持有量。

事业单位持有的现金,主要有以下三种成本。

1. 机会成本

现金作为事业单位的一项资金占用,是有代价的,这种代价就是它的机会成本。假定某事业单位的资本成本为10%,年均持有50万元的现金,则该事业单位每年现金的成本为5万元(50万元×10%)。现金持有额越大,机会成本越高。事业单位为了经营业务,需要拥有一定的现金,付出相应的机会成本代价是必要的,但现金拥有量过多,机会成本代价大幅度上升,就不合算了。

2. 管理成本

事业单位拥有现金,会发生管理费用,如管理人员工资、安全措施费等。这些费用是现金的管理成本。管理成本是一种固定成本,与现金持有量之间无明显的比例关系。

3. 短缺成本

现金的短缺成本,是因缺少必要的现金,不能应付业务开支所需,而使事业单位蒙受损失或为此付出的代价。现金的短缺成本随现金持有量的增加而下降,随现金持有量的减少而上升。

上述三项成本之和最小的现金持有量,就是最佳现金持有量。如果把以上三种成本线放在一个图上,就能表现出持有现金的总成本(总代价),找出最佳现金持有量的点:机会成本线向右上方倾斜,短缺成本线向右下方倾斜,管理成本线为平行于横轴的平行线,总成本线便是一条抛物线,该抛物线的最低点即为持有现金的最低总成本。超过这一点,机会成本上升的代价又会大于短缺成本下降的好处;这一点之前,短缺成本上升的代价又会大于机会成本下降的好处。这一点横轴上的量,即是最佳现金持有量。

最佳现金持有量的具体计算,可以先分别计算出各种方案的机会成本、管理成本、短缺成本之和,再从中选出总成本之和最低的现金持有量,即为最佳现金持有量。

第三节　固定资产投资概述

一、固定资产的概念

固定资产是指使用年限超过1年的房屋、建筑物、机器、机械、运输工具以及其他与生产经营有关的设备、器具、工具等。不属于生产经营主要设备的物品，但单位价值在2000元以上，并且使用年限超过2年的，也应当作为固定资产。不能同时满足上述两个条件的劳动资料，应当作为低值易耗品处理。

固定资产是事业单位进行生产经营活动的主要劳动资料，也是事业单位实物资产的主要组成部分。它们有的直接参加生产过程，由劳动者的劳动传导到劳动对象上去，使劳动对象变成产品，如设备、工具等；有的虽然不直接参加产品生产过程，但它作为生产必要条件而存在，如房屋、建筑物、运输设备和管理用具等，没有这些条件，生产经营活动将无法进行。

作为固定资产，它能在生产过程中长期使用，在很多个生产周期中发挥作用，但始终会保持原来的实物形态，而其价值是随着固定资产的磨损程度，逐渐转移到产品成本或期间费用上，并通过商品销售，从实现的销售收入中逐渐地部分地得到补偿，由固定资产实物更新为货币准备金。从固定资产的价值周转方式来看，它具有相对的固定性。

为了便于管理，各事业单位可根据实际情况，制订固定资产目录。

二、固定资产的特点

固定资产与流动资产相比较，主要具有以下四个特点。

1. 使用期限较长

固定资产的最低使用期限为1年以上或超过1年的一个营业周期以上。但通常情况下，固定资产都可使用数年甚至数十年，如房屋、建筑物、机械设备等，其使用期限长，而且在使用过程中难以改变用途，不易变现。因此，固定资产的流动性较弱，周转速度慢，需要经过数年或数十年才能完成一个循环周期。

2. 在使用过程中保持原来的物质形态不变

固定资产作为一种劳动手段，它直接或间接地服务于生产经营过程，从其投入使用，一直到报废清理为止，在这一过程中，固定资产基本保持原来的物质形态和性能，并不断地发挥其作用，直到完全丧失其使用价值。因此，固定资产的价值补偿是随着固定资产的使用而逐渐进行的，而实物更新则要等到固定资产报废时才能完成。

3. 用于生产经营不是为了出售

事业单位拥有固定资产的目的是为了给生产经营提供条件，而不是为了出售，这是区别固定资产与流动资产的一个重要标志。如果商品作为事业单位流动资产，其目的是为了出售，就不能作为固定资产，而应列为流动资产。例如，机床厂制造出来的机床，目的是为了出售，应列为流动资产，而机械加工厂使用机床加工零部件，其机床就应作为固定资产。

4. 其使用寿命是有限的（土地除外）

固定资产可以用来为事业单位创造财富，但是其使用寿命则是有限的，其主要取决于它的物理性能、使用情况、使用条件、维护保养的好坏和科学技术进步情况等。固定资产使用期限的确定,要考虑到由于固定资产价值贬值而产生的无形损耗。有些固定资产即使在物理性能上看还能继续使用,但从它的效能和经济角度上考虑,可能也要提前报废。

三、固定资产的分类

为了加强固定资产管理,必须对固定资产进行科学的分类。

(一)按固定资产的经济用途划分

固定资产按其经济用途,可分为生产用固定资产和非生产用固定资产。

1. 生产用固定资产

生产用固定资产,是指直接参加生产过程或直接服务于生产过程的各种固定资产,如厂房、建筑物、机器、机械、器具、工具、动力设备、传导设备、运输设备、管理用具等。

2. 非生产用固定资产

非生产用固定资产,是指不参加或不直接服务于生产过程的固定资产,如职工宿舍、招待所、学校、幼儿园、俱乐部、食堂、浴室、理发室、医院、疗养院、专设的科学研究试验机构等单位使用的房屋、设备等固定资产。

按经济用途分类,可以分析各种固定资产在全部固定资产中的比重,研究固定资产的结构,便于了解生产技术的机械化水平,促进事业单位合理配置固定资产,充分发挥固定资产的效能。

(二)按固定资产的使用情况划分

固定资产按其使用情况,可分为使用中的固定资产、未使用的固定资产和不需用的固定资产。

1. 使用中的固定资产

使用中的固定资产,是指正在使用中的生产用的和非生产用的固定资产。由于季节性生产和修理等原因暂时停止使用,以及存在车间停用的机器设备等,仍属事业单位生产所需,也应列为使用中的固定资产。

2. 未使用的固定资产

未使用的固定资产,是指尚未使用的新增的固定资产,调入尚待安装的固定资产,进行改建、扩建的固定资产,以及经批准停止使用的固定资产。

3. 不需用的固定资产

不需用的固定资产,是指不适合本事业单位生产需要,或者超出本事业单位当前需要,已经报请上级批准的固定资产。

(三)按固定资产的所属关系划分

固定资产按其所属关系,可分为自有固定资产和融资租人固定资产。

1. 自有固定资产

事业单位自有固定资产,是指产权属于事业单位所有的固定资产。

2. 融资租入固定资产

融资租人固定资产,是指事业单位以融资租赁方式租人的机器设备,在租赁期内应视为事业单位自有固定资产进行管理。

但对于本事业单位出租给其他单位的固定资产,则应视为使用中的固定资产,按其经济用途分别列入有关类别。

固定资产按其所属关系分类,有利于按照产权所属关系进行管理、组织核算和计提折旧。

我国现行的财务制度对工业事业单位的固定资产综合上述分类方法,可分为七大类:①生产用固定资产;②非生产用固定资产;③租出固定资产;④未使用固定资产;⑤不需要固定资产;⑥融资租人固定资产;⑦土地。土地是指 1951 年清产核资的、1956年私营工商业转为合营时,估价入账的生产用和非生产用的土地。因征用土地而支付的补偿费,应计入与土地有关的房屋、建筑物的价值,不单独作为土地价值入账。

四、固定资产投资决策程序

固定资产投资决策程序有以下几种。

1 建议

固定资产投资方案需要由相关的部门根据事业单位发展需要提出固定资产投资建议。一般地战略性固定资产投资建议、追加性固定资产投资建议或移向性固定资产投资建议由事业单位高层管理机构或直接由总经理提出;战术性固定资产投资建议或更新性固定资产投资建议由职能管理部门或车间提出。

2. 评价

对固定资产投资方案的评价是由生产、技术、市场、财务等方面的专家组成的论证小组共同完成的,其评价的内容包括技术可行性、市场销售前景预测、竞争状况、风险分析、资本预算、国民经济发展状况等。

3. 决策

经过对固定资产投资项目的评价,由事业单位管理者作最后的决策。

4. 实施

经决策已经通过的固定资产项目,要积极筹措资金,实施该固定资产投资计划。

5. 监控

在固定资产投资项目实施过程中,要对投资项目的工程进度、工程质量、资本预算实施控制,以便使固定资产投资方案依照预算按期完成,发现偏差,及时采取措施予以纠正。

6. 计划的修订

在固定资产投资方案实施过程中，要注意原来做出的决策是否合理、正确。一旦出现新的情况，要及时做出新的评价。如果情况发生重大变化，使实际情况与原来的投资计划发生极大的偏差时，要对原来的投资计划进行修订。修订后的投资计划如果由原来的经济可行变成不可行时，要及时终止投资，以免给事业单位造成更大的损失。

第四节　投资项目的可行性研究

一、投资项目可行性研究的概念

1. 投资项目

"项目"一词，是一个极其普遍和广泛使用的概念。世界银行对项目的定义是根据发放贷款的用途来加以解释的：项目（Project），一般是指同一性质的投资（如设有发电厂和输电线路的水坝），或同一部门内一系列有关或相同的投资，或不同部门内的一系列投资（如城市项目中市区内的住房、交通和供水等）。有些项目只为特定的投资或比较全面的调查研究提供技术援助。项目还可以包括向中间金融机构贷款，为它的一般业务提供资金；或向某些部门的发展计划发放贷款。项目通常既包括有形的，如土木工程的建设和设备的提供，也包括无形的，如社会制度的改进、政策的调整和管理人员培训等。

根据我国对投资项目的有关规定，并参照世界各国有关投资项目的管理资料，构成投资项目的主要条件及其特点有：

（1）在总体设计或总概（预）算范围内，由几个互有内在联系的单项工程所组成，建成后在经济上可以独立核算的、行政上可以统一管理的建设单位。

（2）有明确的建设目标和任务，即有设计规定的产品品种、生产能力目标工程质量标准；有竣工验收和投产使用的标准；有工期目标；有投资目标。

（3）一般具有建筑工程和设备安装工程等有形资产；也有些项目除有形资产以外，还有购买商标、商誉、技术专利、技术许可证等构成的无形资产。

（4）一般是一次性的。建设任务完成，则投资结束或者项目撤销。

（5）在投资建设过程中都必须依次经过项目成立、可行性研究、评价、决策、设计、项目实施、竣工投产、总结评价、资金回收等阶段。

投资项目也称建设项目、工程项目，简称为项目。在我国，投资项目分为基本建设项目和技术改造项目两大类。

项目的建设必须具有相当数量的资金投放，即投资。20世纪以来，由于社会生产力的迅速发展，项目越来越大，投资越来越多；也由于技术设备更新换代的速度越来越快，因此，为了避免决策的失误，减少投资的风险，必须对投资的项目进行技术经济分析。

第二次世界大战之后，随着技术经济与管理科学的不断发展，以及投资决策的迫切需要,逐渐形成了一套完整的、科学的技术经济分析方法,这就是可行性研究。

2. 可行性研究

项目的可行性研究是指在项目投资决策之前,通过对项目有关的工程、技术、经济等各方面条件和情况进行调查、研究、分析,对各种可能的建设方案和技术方案进行比较论证,并对项目建成后的经济效果进行预测和评价的一种科学分析方法。

可行性研究是项目投资前期工作的最重要内容,也是项目建设程序中一个不可缺少的环节。它从项目建设和生产经营的全过程考察分析项目的可行性,回答项目建设是否完全必要,是否可能建设和如何建设,在工艺技术、设备、效率和资源利用方面是否先进、合理,在经济上能否盈利,等等,其结论为投资者的最终决策提供直接的依据。一般地说,可行性研究从市场需求的预测分析开始,通过充分的技术经济论证和方案比较选择,论证项目建设规模、工艺技术方案、厂址选择的合理性。原材料、燃料、动力、运输、资金等建设条件的可靠性,对项目建设方案进行详细规划,最后通过对生产经营成本、销售收入和一系列指标的计算,评价项目在财务上的生存能力和经济合理性,提出项目可行或不可行的研究报告。

二、可行性研究的步骤

项目的可行性研究与市场调研有一定的联系和区别。市场调研是针对产品的未来市场情况所进行的收集资料和分析资料并提交报告的过程,而项目的可行性研究则更偏重于研究在资金一定的情况下,工程项目的设计、施工、验收是否能够取得一定的经济效益和社会效溢。对于一般的项目而言,可行性研究通常是建立在市场调研的基础之上的,是在市场调研的基础上对整个项目进行综合分析和评价的结果。但是,对于许多大型工程项目,可行性研究一般是由业主根据预期的工程需要,委托有资格的设计单位或咨询公司进行,并最终提供科学的可行性研究报告。因此,可行性研究的步骤主要应用于大型工程项目,这些步骤包括:确定受托人;成立项目组;制订实施计划;收集资料和调研;项目方案设计;对方案的综合分析和评估;递交可行性研究报告。

1. 确定受托人

通常,对于业主来说,达到对目标项目进行可行性研究的目的,仅仅依靠自己的资源常常难以解决,在这种情况下,确定能胜任该项目可行性研究的受托人显得尤为重要。在进行受托人的选择中,可以在几家有资质认证的受托人之间进行挑选。在综合考虑费用的前提下,信誉较好、实力较强的单位应是首选。在受托人确定下来之后,项目业主应与受托人之间签订项目的可行性调研合同。可行性调研合同通常包括进行可行性研究的原因、可行性研究的范围和深度、可行性研究的进度、双方协作方式、可行性研究的费用及支付和违约责任等。

2. 成立项目组

成立项目组是针对受委托单位而言的,当受委托单位和业主签订了项目的可行性研究合同之后,根据项目研究的需要,应当成立项目组并确定项目组负责人,项目组是整个项目的可行性研究的具体操作者。它负责可行性研究的实施计划制定和具体的实施,负责方案的设计和方案优选,负责方案的评价和最终的可行性研究报告的提交。项目组负责人负责整个项目的管理以及与业主的沟通协调,并对受委托单位负责。

3. 制订实施计划

制订项目可行性研究的实施计划,是整个可行性研究的关键,在实施计划中,应明确对研究的各个阶段进行细分,对各个阶段中各种任务进行细分,并落实到人。实施计划应列明在实施过程中所需的预期费用,进度安排,并说明最终需要完成的具体目标。

4. 收集资料和调研

项目组在实施计划制订完成之后,将按照可行性研究的要求收集有关项目的经济、社会和施工环境的情况等方面的基础性资料,并制订出调查提纲和人员任务安排。项目的调查一般涉及内容较多,主要包括施工环境、设备选型、技术、建设周期、原材料和相关市场、资金投入、运行管理诸多要素。

5. 项目方案设计

项目方案设计一般需受委托人根据业主的需求出具几套设计方案,然后根据成本、资源、技术、环保等综合考虑,进行优选,根据项目的不同,方案一般可分为技术型方案和建设型方案。

(1)技术型方案主要内容包括:设备配置、生产技术、工艺流程、技术指标、有关建设和环保的国家标准、人力资源配置等。

(2)建设型方案主要内容包括:产品市场预期、原材料供应价格和条件、生产的技术要求、生产的技术指标和产品技术参数、生产规模预期、项目建设周期、环保条件和要求、资金筹备情况等。

6. 对方案的综合分析和评估

当几种方案制订出以后,需要对它们进行系统分析和评估,以便进行优选,或对已经优选的方案进行评估,以进行确认或找出不足并加以改进。对于设计方案的评估,如果国家的相关政策法规有规定的,应依照国家规定进行评估,如果没有相关的规定,需按照经济、环保、社会效益的原则进行综合评估,项目的盈利能力越强,其可行性也就越好。

项目的盈利评估一般要通过现金流量分析来实现。现金流量分析是以项目作为一个独立系统,在国家已有的财政、税收、金融和外汇政策下,对项目在建设期和营运期内的收入和支出做出预测,编制现金流量表,并以此来分析项目的财务状况、盈利能力和债务清偿能力。现金流量分析一般分以下几个步骤:

(1)投资支出估算。项目建设期的投资支出包括建造建筑物、购置设备费用和安装费、设计咨询费等构成项目的无形资产。做可行性研究时,要估算出项目的总投资及分年投入的现金支出。

(2)经营期现金流量。项目投入运营后有产品销售收入或提供服务的营业收入,同时有运营成本支出、利息支出。项目每年的现金收入和支出构成了现金流量序列。每个时点上的现金流入减去现金流出称为净现金流量。

（3）期末资产回收。现金流量分析要确定一个计算期。计算期不一定等于资产物理寿命或折旧寿命。在计算期末，项目的资产还有价值，其价值等于计算期末资产转让或出售的市场价值，这部分应作为项目计算期末备现金流入。

（4）项目净现值。净现值是项目在计算期各年净现金流量按资金成本折现到基准年的现值之和。它反映的是项目在整个生命周期的价值总和。

项目净现值大于零，说明该项目可以成立。项目的净现值越大，表明项目的盈利能力越强，资产价值越高。因此，在对多个方案选择时应选取净现值大的方案。

7. 递交可行性研究报告

项目的可行性研究报告是在项目的可行性研究完成之后，向业主提交关于项目的可行性详细说明。其内容应包括项目在经济、技术、环保、社会、资金等各个方面的可行性分析，以及几种方案的优缺点和最终优选方案的详细说明。可行性研究报告往往都有一定的规范。

三、可行性研究报告的内容

国际上可行性研究报告的格式都不统一，但都必须回答以下几方面的问题：

（1）该项目投资建设的必要性。

（2）工艺技术上的可行性（先进性与适用性）。

（3）项目实施的可行性（社会供应条件和运输等其他社会协作条件是否具备）。

（4）项目建成后的经济上的合理性（社会经济效益和事业单位的经济效益）。

第三章 利润分配与财务分析

第一节 会计利润与税后利润

一、会计利润

会计利润是指事业单位在一定会计期间的经营成果，等于事业单位在一定期间内各种经营活动取得的全部收入抵减全部支出后的余额。如果余额为正数，表示事业单位当期所实现的利润；如果余额为负数，表示事业单位当期的亏损数额。该指标是衡量事业单位经营管理水平的重要指标。根据《事业单位会计准则第30号——财务报表列报》的规定，利润可以分为营业利润、利润总额和净利润等不同形式。

1.营业利润

营业利润是事业单位利润的主要来源，是事业单位生产经营活动中营业收入减去营业成本、营业税金及附加、销售费用、财务费用和管理费用后，再减去资产减值损失，加上公允价值变动净收益、投资净收益的金额。

营业收入是指事业单位经营主要业务和其他业务所确认的收入，即事业单位根据收入准则确认的销售商品、提供劳务等主营业务的收入，以及事业单位根据收入准则确认的除主营业务以外的其他经营活动实现的收入，包括出租固定资产、出租无形资产、出租包装物和销售材料、债务重组等实现的收入。

营业成本是指事业单位经营主要业务和其他业务所发生的实际成本总额，即事业单位根据收入准则确认销售商品、提供劳务等主营业务收入时应结转的成本，以及事业单位除主营业务活动以外的其他经营活动所发生的支出，包括销售材料的成本、出租固定资产的累计折旧、出租无形资产的累计摊销、出租包装物的成本或摊销额等。

营业税金及附加是指事业单位经营业务应承担的营业税、消费税、城市维护建设税、资源税和教育费附加等相关税费。

销售费用是指事业单位在销售商品过程中发生的费用，如广告费、包装费、运输费、保险费、展览费和专设销售机构的经费等。同时也包括商品流通事业单位在购买商品过程中发生的运输费、装卸费、包装费、保险费、运输途中的合理损耗和入库前的挑选整理费用等。

财务费用是指事业单位为筹集生产经营所需要资金等而发生的费用，如利息支出（减利息收入）、汇兑损失（减汇兑收益）以及相关的手续费等。

管理费用是指事业单位在为组织和管理事业单位生产经营所发生的费用，包括事业单位的董事会和行政管理部门在事业单位的经营管理中发生的或者应当由事业单位统一承担的公司经费（包括行政管理部门的职工工资、修理费、物料消耗、低值易耗品推销、办公费和差旅费等）、工会经费、待业保险费、劳动保险费、董事会费、聘请中介机构费、咨询费（含顾问费）、诉讼费、业务招待费、房产税、车船使用税、土地使用税、印花税、技术转让费、矿产资源补偿费、无形资产摊销、职工教育经费、研究与开发费、排污费、存货盘亏或盘盈（不包括应计入营业外支出的存货损失）、计提的坏账准备和存货跌价准备等。

资产减值损失是指事业单位根据资产减值等准则确认的各项资产发生的减值损失。

公允价值变动净收益是反映事业单位交易性金融资产、交易性金融负债，以及采用公允价值模式计量的投资性房地产、衍生工具、套期保值业务等公允价值变动形成的应当计入当期损益的利得或损失。

投资净收益是指事业单位以各种方式对外投资所取得的收益，减去发生的投资损失后的净额。

2. 利润总额

利润总额是指事业单位一定时期所实现的全部利润，也称作会计利润、税前利润。其计算公式为

利润总额 = 营业利润 + 营业外收入 − 营业外支出

营业外收入是指事业单位发生的与其经营活动无直接关系的各项收入。营业外收入主要包括处置非流动资产利得、非货币性资产交换利得、债务重组利得、政府补助利得、盘盈利得、捐赠利得等。处置非流动资产利得包括固定资产盘盈、处置固定资产净收益、处置无形资产净收益等。

营业外支出是指事业单位发生的与其经营活动无直接关系的各项支出。营业外支出包括处置非流动资产损失、非货币性资产交换损失、债务重组损失、公益性捐赠支出、非常损失、盘亏损失等。处置非流动资产损失包括固定资产盘亏、处置固定资产净损失、处置无形资产净损失等。

3. 净利润

净利润又称税后利润，是指利润总额减去所得税费用后的余额。其计算公式为

净利润 = 利润总额 − 所得税费用

所得税费用是指应当计入当期损益的所得税费用，是根据应纳税所得额乘以相应的所得税税率计算得出的。

二、应纳税所得额

应纳税所得额，是指所得税的纳税人每一纳税年度的收入总额减去准予扣除项目金

额后的余额,基本公式为

应纳税所得额 = 收入总额 - 准予扣除项目金额

1. 收入总额

收入总额是指事业单位在纳税年度内取得的各项收入的总额。包括纳税人来源于中国境内、境外的生产经营收入和其他收入。具体包括:

(1)销售货物收入。是指事业单位销售商品、产品、原材料、包装物、低值易耗品以及其他存货取得的收入。

(2)提供劳务收入。是指事业单位从事建筑安装、修理修配、交通运输、仓储租赁、金融保险、邮电通信、咨询经纪、文化体育、科学研究、技术服务、教育培训、餐饮住宿、中介代理、卫生保健、社区服务、旅游、娱乐、加工以及其他劳务服务活动取得的收入。

(3)转让财产收入。是指事业单位转让固定资产、生物资产、无形资产、股权、债权等财产取得的收入。

(4)股息、红利等权益性投资收益。是指事业单位因权益性投资从被投资方取得的收入。

(5)利息收入。是指事业单位将资金提供他人使用但不构成权益性投资,或者因他人占用本事业单位资金取得的收入,包括存款利息、贷款利息、债券利息、欠款利息等收入。

(6)租金收入。是指事业单位提供固定资产、包装物或者其他有形资产的使用权取得的收入。

(7)特许权使用费收入。是指事业单位提供专利权、非专利技术、商标权、著作权以及其他特许权的使用权取得的收入。

(8)接受捐赠收入。是指事业单位接受的来自其他事业单位、组织或者个人无偿给予的货币性资产、非货币性资产。

(9)其他收入。是指事业单位取得的除上述收入之外的其他收入,包括事业单位资产溢余收入、逾期未退包装物押金收入、确实无法偿付的应付款项、已作坏账损失处理后又收回的应收款项、债务重组收入、补贴收入、违约金收入以及汇兑收益等。

此外,纳税人在基本建设、专项工程及职工福利等方面使用本事业单位的商品、产品的,均应作为收入处理;纳税人对外进行材料加工装配业务节省的材料,如按合同规定留归事业单位所有的,也应作为收入处理。

纳税人取得的收入为非货币资产或权益的,其收入额应参照当时市场价格计算或估定。

2. 准予扣除的项目

准予扣除的项目,是指按照事业单位所得税规定,在计算应纳税所得额时准予扣除的与纳税人取得的收入有关的成本、费用、税金和损失。

(1)成本。指纳税人为生产、经营商品和提供劳务等所发生的各项直接费用和各项间接费用,即生产经营成本。

（2）费用。指纳税人为生产经营商品和提供劳务等所发生的营业（经营）费用、管理费用和财务费用。

（3）税金。指纳税人依法缴纳的消费税、营业税、城市（乡）维护建设税、资源税、土地增值税,教育费附加,可视为税金。

（4）损失。指纳税人在生产、经营过程中产生的各项营业外支出、已发生的经营亏损和投资损失以及其他损失。

纳税人的财务、会计处理与税收规定不一致的,应依照税收规定予以调整,按税收规定允许扣除的金额予以扣除。

3. 不准扣除的项目

（1）资本性支出。

（2）无形资产转让、开发支出。

（3）违法经营的罚款和被没收财物的损失。

（4）各项税收的滞纳金、罚金和罚款。

（5）自然灾害或意外事故损失有赔偿的部分。

（6）超过国家规定允许扣除的公益性、救济性的捐赠,以及非公益、救济性的捐赠。

（7）各种赞助支出。

（8）贿赂等非法支出。

（9）存货跌价准备金、短期投资跌价准备金、长期投资减值准备金、风险准备基金（包括投资风险准备基金）,以及国家税收法规规定可提取的准备金之外的任何形式的准备金。

（10）税收法规有具体扣除范围和标准（比例和金额）实际发生的费用超过或高于法定范围和标准的部分。

三、所得税

应纳税所得额与会计利润由于计算依据不同,往往会产生差异,但事业单位在缴纳所得税时,应以应纳税所得额为计算基础,税率为25%。

应纳税额＝应纳税所得额 × 税率

第二节　税后利润分配

利润分配是指事业单位对一定时期实现的净利润按照国家的有关规定在事业单位和投资者之间进行的分配。事业单位取得的利润必须依法进行分配,利润分配涉及事业单位的筹资和投资活动,是财务管理的重要内容。

一、利润分配的基本原则

利润分配是指将事业单位实现的利润在国家、事业单位法人和事业单位所有者之间进行分配的过程。事业单位的利润分配关系到国家能否足额征收所得税、投资人的合法权益是否得到保护，还关系到事业单位能否长期稳定发展，分配的政策性很强，也是一项重要的理财活动。其基本原则如下：

1. 遵守国家法律，履行社会责任

事业单位的利润分配必须遵守国家的财经法规，根据《公司法》和《事业单位财务通则》规定，按交税、提留和分红的基本顺序规范利润分配的程序。确定正确的分配项目和顺序，首先要确保国家的财政收入，其次必须按规定提取最低法定比例的盈余公积金，满足事业单位以后生产经营的基本需要，最后向投资者分配。

2. 积累优先，适度分配

事业单位的税后利润要兼顾事业单位长远发展和投资者、职工等各方面的近期利益。事业单位没有充足的留存收益，经营和扩大再生产缺乏资金，发展的后劲不足，就降低了抗御风险的能力，也很难保证事业单位的利润不断增长。这样，最终必将损害各方面的根本利益。反之，过高比例的积累，投资者分红少，职工的奖金福利低，也难以增加事业单位对人们的吸引力。分红的高低对上市公司股票价格的影响也很大。过分强调哪个方面的利益对事业单位都是不利的。

3. 兼顾投资者、经营者和职工等各方面利益

事业单位的税后利润归投资者所有，这是事业单位的基本制度，也是投资者投资事业单位的根本目的，但是，丰厚的利益是与经营者和职工的辛勤努力分不开的。事业单位利润分配的合理与否，直接关系到投资者、经营者和职工的切身利益，关系到他们对事业单位今后发展的积极性。在考虑到各方面的积极性的同时，也要注意克服职工内部吃事业单位"大锅饭"的问题。要注意充分发挥出职工劳动热情，培育职工与事业单位同甘共苦的意识。

4. 坚持"三公"的原则，对投资者一视同仁

在税后利润分配中坚持"公开、公平、公正"的原则，既关系到投资各方的经济利益，也关系到事业单位在投资者（包括潜在的投资者）心目中的信誉，直接影响到事业单位筹资活动。事业单位的投资者在事业单位中只以其股份比例享有合法权益，不能在事业单位中谋求私利。事业单位不能搞幕后交易，不能帮助大股东侵害小股东的利益。严禁在会计报告中虚增利润，在分红时欺骗中小股东。在利润分配方案的讨论中，要充分考虑中小股东的意见。

5. 坚持以丰补歉，保持稳定的分红比例

在复杂的市场经济条件下，事业单位的生产经营受到各种因素的制约，各年的收益也总是波动的。为了确保每年的税后利润不出现大起大落的情况，要适当增加高年获利

度的留存利润的比例,使之大体稳定,给投资者稳定的回报,坚定投资者的信心。如果是股票上市的事业单位,保持稳定的股票价格,在经济不景气的时期,更容易筹资。

二、利润分配的内容

按照我国《公司法》的规定,公司利润分配的项目包括以下几个方面:

(1)盈余公积金。盈余公积金从净利润中提取形成,用于弥补公司亏损、扩大公司生产经营或转为增加公司资本。盈余公积金分为法定盈余公积金和任意盈余公积金。公司分配当年税后利润应当按照10%的比例提取法定盈余公积金;当盈余公积金累计额达到公司注册资本的50%时,可不再继续提取。任意盈余公积金的提取由股东会根据需要决定。

(2)公益金。公益金也从净利润中提取形成,专门用于职工集体福利设施建设。公益金按照税后利润的5%~10%的比例提取形成。

(3)股利(向投资者分配的利润)。公司向股东(投资者)支付股利(分配利润),要在提取盈余公积金、公益金之后。股利(利润)应以股东(投资者)持有股份(投资额)的数额为依据,每一股东(投资者)取得的股利(分得的利润)与其持有的股份数(投资额)成正比。股份有限公司原则上应从累计盈利中分派股利,无盈利不得支付股利,即所谓"无利不分"的原则。但若公司用盈余公积金弥补亏损以后,为维护其股票信誉,经股东大会特别决议,也可用盈余公积金支付股利,但支付股利后留存的法定盈余公积金不得低于注册资本的25%。

三、利润分配的顺序

现行财务制度规定,事业单位税后利润分配因不同的所有制形式和经营方式而有所不同。

1. 非股份制事业单位的利润分配程序

事业单位上交所得税后实现的净利润加上以前年度未分配的利润,是事业单位可供分配的利润,按财务制度规定应按照下列顺序分配:

(1)抵补事业单位没收财务损失,支付因违反税法规定而缴纳的滞纳金和罚款。

(2)弥补事业单位以前年度的亏损。这里的以前年度亏损是指超过用所得税前的利润抵补亏损的法定期限后,仍未弥补的亏损。

(3)提取法定的盈余公积金。法定盈余公积金按照税后利润扣除前两项后的10%提取,法定盈余公积金已达到注册资本50%时可不再提取。盈余公积金可用于弥补亏损,经过批准也可用于转增资本金。但是,转增资本金后,法定盈余公积金一般不得低于注册资本金的25%。

(4)提取法定公益金。公益金按照当年净利润的5%~10%提取,公益金主要用于职工的集体福利设施支出。

（5）提取任意盈余公积金。事业单位出于经营、管理等方面的投资需要，在向投资者分配利润以前，可以按照公司章程或者股东会议决议提取任意盈余公积金。

（6）向投资者分配利润。事业单位以前年度未分配利润，可以并入本年度向投资者分配。在分配时要按投资者投入资本的比例进行分配。

2.外资事业单位利润分配

外商投资事业单位由于其特殊性，在其会计制度中对其利润分配作了一些特殊规定：

（1）提取储备基金。储备基金是分配利润的一种转化形式，是事业单位的一项准备基金。储备基金平时可以作为生产经营周转资金使用，当事业单位发生亏损时可以用储备基金来垫补。

（2）提取事业单位发展基金。事业单位发展基金用于发展事业单位生产，可以作为劳动资金也可以购建固定资产，或用于事业单位技术改造。事业单位发展基金也是事业单位未分配利润的一种转化形式。

（3）提取职工奖励及福利基金。职工奖励及福利基金只能用于职工非经营性奖金，如特别贡献奖、年终奖等职工集体福利，不能挪为他用。即使事业单位解散也不能改变其性质和用途。当事业单位解散时应将未用完的职工奖励及福利基金转入职工新的工作单位。虽然职工奖励及福利基金来源于事业单位税后利润，但性质上属于事业单位对事业单位职工的责任。

（4）利润归还投资。利润归还投资是指中外合作经营事业单位按规定在合作期内以利润归还投资者的投资。

第三节　股份公司的税后利润分配

一、利润分配的内容

按照《公司法》等法律、法规的有关规定，股份公司当年实现的利润总额，应在按照国家有关规定作相应调整后，依法交纳所得税，然后按下列顺序进行分配。

（1）弥补以前年度亏损。事业单位是独立核算、自主经营的经济实体，事业单位发生亏损由事业单位以获得的利润来弥补。根据我国财务制度规定，事业单位发生年度亏损后，可以用下一年度的税前利润弥补，若下一年度利润不足弥补的，可以在5年内延续弥补。若5年以内还没有以税前利润将亏损弥补足额，从第6年开始，只能以税后利润弥补亏损。

（2）提取法定盈余公积金。事业单位实现的净利润在弥补亏损后，按10%的比例提取法定盈余公积金，当法定盈余公积金达到注册资本的50%时可以不再提取。

（3）提取法定公益金。事业单位实现的净利润在弥补亏损以后，按5%～10%的比例提取公益金,主要用于职工住宅等集体福利设施支出。

（4）支付优先股股利。一般的优先股在发行时都有相关规定。

（5）提取任意盈余公积金。任意盈余公积金按照公司章程或股东会议决议提取和使用,其目的是为了控制向投资者分配利润的水平以及调整各年利润分配的波动,通过这种方法对投资者分利加以限制和调节。

（6）向投资者分配利润或股利。净利润扣除上述项目后,再加上以前年度的未分配利润,即为可供普通股东分配的利润,公司应按同股同权、同股同利的原则,向普通股东支付股利。

事业单位当年没有利润不得向投资者分配利润,但考虑到股份制事业单位为了维护其股票市价和信誉,避免股票价格的大幅度波动,在上市公司当年无利润但用盈余公积金弥补亏损后,经股东大会特别决议,可以按照不超过股票面值6%的比率用盈余公积金向股东分配股息股利,不过留存的法定盈余公积金不得低于注册资本的25%。

二、股利分配政策

正确的股利分配政策对事业单位具有特别重要的意义,因为股利分配政策在一定程度上决定事业单位对外再筹资能力和事业单位市场价值的大小。在利润一定的条件下,增加留存比例,实质上是增加事业单位筹资量。如果事业单位的分配政策得当,则能直接增加事业单位积累能力,能够吸引投资者对事业单位的投资,增加其投资信心,从而为筹资提供基础。确定较好的投资分红模式,并保持一定程度上的连续性有利于提高事业单位的财务形象,从而提高事业单位发行在外股票的价格和事业单位的市场价值。可见,股利分配政策的选择至关重要,但股利分配政策的确定受到各方面因素的影响。

（一）影响股利分配政策确定的因素

股利分配与公司的市场价值并非无关而是相关的,公司的股利分配是在种种制约因素下进行的,公司不可能摆脱这些因素的影响。

1.法律因素

为了保护债权人和股东的利益,有关法规对公司的股利分配经常作如下限制:

（1）资本保全。规定公司不能用资本(包括股本和资本公积)发放股利。

（2）公司积累。也称留存盈余的规定,与防止资本侵蚀的规定相类似,它规定公司股利只能从当期的利润和过去累积的留存盈余中支付。也就是公司股利的支付不能超过当期与过去的留存盈余之和。但它并不限制公司股利的支付额大于当期利润。

（3）净利润。规定公司年度累计净利润必须为正数时才可发放股利,以前年度亏损必须足额弥补。

（4）超额累积利润。由于股东接受股利交纳的所得税高于其进行股票交易的资本利得税,于是许多国家规定公司不得超额累积利润,一旦公司的保留盈余超过法律认可的水平,将被加征额外税额。我国法律对公司累积利润尚未做出限制性规定。

2. 股东因素

股东从自身需要出发,对公司的股利分配往往产生这样一些影响:

(1)稳定的收入和避税。一些依靠股利维持生活的股东,往往要求公司支付稳定的股利,若公司留存较多的利润,将引起这部分股东的反对。另外,一些高股利收入的股东出于避税的考虑(股利收入的所得税高于股票交易的资本利得税),往往反对公司发放较多的股利。

(2)控制权的稀释。公司支付较高的股利,就会导致留存盈余减少,这又意味着将来发行新股的可能性加大,而发行新股必然稀释公司的控制权,这是公司原有的持有控制权的股东们所不愿看到的局面。因此,若他们拿不出更多的资金购买新股以满足公司的需要,宁肯不分配股利而反对募集新股。

3. 公司因素

就公司的经营需要来讲,也存在一些影响股利分配的因素:

(1)盈余的稳定性。公司是否能获得长期稳定的盈余,是其股利决策的重要基础。盈余相对稳定的公司能够较好地把握自己,有可能比盈余不稳定的公司支付较高的股利;而盈余不稳定的公司一般采取低股利政策。对于盈余不稳定的公司来讲,低股利政策可以减少因盈余下降而造成的股利无法支付、股价急剧下降的风险,还可将更多的盈余用于再投资,以提高公司权益资本比重,减少财务风险。

(2)资产的流动性。公司资金的灵活周转是公司生产经营得以正常进行的必要条件,股利的分配自然也应以不危及公司经营上的资金流动为前提。如果一个公司的资产有较强的变现能力,现金的来源较充裕,则它的股利支付能力也会强些。但是现实经济生活中,也有这样的可能性,就是尽管公司有较大的当期或以前积累的利润,却因理财不善,资产的变现能力较差,在这种情况下公司如果还要强行支付股利,显然是不明智的。当然,公司的现金流动能力与其筹资能力有关,如果公司有较强的筹资能力,则其现金流动能力也就较强,由此可见,公司股利的支付能力,在很大程度上受其资产变现能力的限制。

(3)筹资能力。具有较强筹资能力(与公司资产的流动性相关)的公司因为能够及时地筹措到所需的现金,有可能采取较宽松的股利政策。这种筹资能力包括银行借款、发行债券和发行股票的能力,通常规模较大、业务兴旺、获利丰厚的大公司较容易筹集到所需的资金。而一些新成立的公司则需经历一段时间后,才能获得外部的资金来源。这些公司由于承担较大的风险,故长期债务的代价相当高,甚至有时售不出其债券。因而,对规模小、风险大的新创办的公司,往往要限制其股利的支付,而较多地保留盈余,因为这或许是他们唯一的筹资方式。当然,从财务管理的角度来看,向股东发放较多的股利,同时又设法通过借款来取得等额的现金,这和财务管理的目标是不相符的。但是公司为了满足自身对资金的需求,不论是向外界筹集资本还是通过内部融资进行决策往往并不容易。不过，如果一个公司能随时筹集到所需要的资金，那么，在股利支付上也一定具有较大的弹性。而举债能力弱的公司则不得不采取多滞留盈余，采取较紧的股利政策。

（4）投资机会。有着良好投资机会的公司，需要有强大的资金支持，因而往往少发放股利，将大部分盈余用于投资；缺乏良好投资机会的公司，保留大量现金会造成资金的闲置，于是倾向于支付较高的股利。正因为如此，处于成长中的公司多采取低股利政策；陷于经营收缩的公司多采取高股利政策。

（5）资本成本。与发行新股相比，保留盈余不需花费筹资费用，是一种比较经济的筹资渠道。所以，从资本成本考虑，即使公司有扩大资金的需要，也应当采取低股利政策。

（6）债务需要。具有较高债务偿还需要的公司，可以通过举借新债、发行新股筹集资金偿还债务，也可直接用经营积累偿还债务。如果公司认为后者适当的话（比如，前者资本成本高或受其他限制难以进入资本市场），将会减少股利的支付。

4. 其他因素

（1）债务合同约束。公司的债务合同，特别是长期债务合同，往往有限制公司现金支付程度的条款，这使公司只得采取低股利政策。

（2）通货膨胀。在通货膨胀的情况下，公司折旧基金的购买力水平下降，会导致没有足够的资金来重置固定资产。这时盈余会被当作弥补折旧基金购买力水平下降的资金来源，因此，在通货膨胀时期公司股利政策往往偏紧。

由于存在上述种种影响股利分配政策的因素，股利政策与股票价格就不是无关的，公司的价值或者说股票价格不仅仅由其投资的获利能力所决定，而且还受到股利分配政策的影响。

（二）股利分配政策的种类

支付给股东的盈余与留在事业单位的保留盈余，存在此消彼长的关系。所以，股利分配政策既决定给股东分配多少红利，也决定有多少净利留在事业单位。减少股利分配，会增加保留盈余，减少外部筹资需求。股利分配决策也是内部筹资决策。在进行股利分配的实务中，公司经常采用的股利政策有以下几种。

1. 剩余股利政策

剩余股利政策就是在公司有着良好的投资机会时，根据一定的目标资本结构（最佳资本结构），测算出投资所需的权益资本，先从盈余当中留用，然后将剩余的盈余作为股利予以分配。由于股利分配与公司的资本结构相关，而资本结构又是由投资所需资金构成的，因此，实际上股利政策要受到投资机会及其资金成本的双重影响。

采用剩余股利政策时，应遵循四个步骤：

（1）设定目标结构，即确定权益资本与债务资本的比率，在此资本结构下，加权平均资本成本将达到最低水平。

（2）确定目标资本结构下投资所需的股东权益数额。

（3）最大限度地使用保留盈余来满足投资方案所需的权益资本数额。

（4）投资方案所需权益资本已经满足后若有剩余盈余，再将其作为股利发放给股东。

2. 固定或持续增长的股利政策

固定或持续增长的股利政策是将每年发放的股利固定在某一固定的水平上并在较长的时期内不变，只有当公司认为未来盈余会显著地、不可逆转地增长时，才提高年度的股利发放额。不过，在通货膨胀的情况下，大多数公司的盈余会随之提高，且大多数投资者也希望公司能提供足以抵消通货膨胀不利影响的股利，因此，在长期通货膨胀的年代里也应提高股利发放额。

固定或持续增长股利政策的主要目的是避免出现由于经营不善而削减股利的情况。采用这种股利政策的理由在于：

（1）稳定的股利向市场传递着公司正常发展的信息，有利于树立公司的良好形象，增强投资者对公司的信心，稳定股票的价格。

（2）稳定的股利额有利于投资者安排股利收入和支出，特别是对那些对股利有着很高依赖性的股东更是如此。若股利忽高忽低的股票，则不会受这些股东的欢迎，股票价格也会因此下降。

（3）稳定的股利政策可能会不符合剩余股利理论，但考虑到股票市场会受到多种因素的影响，其中包括股东的心理状态和其他要求，因此为了使股利维持在稳定的水平上，即使推迟某些投资方案或者暂时偏离目标资本结构，也可能要比降低股利或降低股利增长率更为有利。

该股利政策的缺点在于股利的支付与盈余相脱节。当盈余较低时仍要支付固定的股利，这可能导致资金短缺、财务状况恶化；同时不能像剩余股利政策那样保持较低的资本成本。

3. 固定股利支付率政策

固定股利支付率政策，是公司确定一个股利占盈余的比率，并长期按此比率支付股利的政策。在这一股利政策下，各年发放的股利额随公司经营的好坏而上下波动，获得较多盈余的年份股利额高，获得盈余少的年份股利额低。

采用本政策能使股利与公司盈余紧密地配合，以体现多盈多分、少盈少分、无盈不分的原则。但是，在这种政策下，各年的股利变动较大，容易给人造成公司不稳定的感觉，对于稳定股票价格不利。

4. 低正常股利加额外股利政策

低正常股利加额外股利政策，是公司一般情况下每年只支付固定的、数额较低的股利；在盈余多的年份，再根据实际情况向股东发放额外股利。但额外股利不固定化，并不意味着公司永久地提高了规定的股利率。

这种股利政策使公司具有较大的灵活性。当公司盈余较少或投资需用较多资金时，可维持设定的较低但正常的股利，股东不会有股利跌落感；而当盈余有较大幅度增加时，则可适度增发股利,把经济繁荣的部分利益分配给股东,使他们增强对公司的信心,这有利于稳定股票的价格。

这种股利政策还可使那些依靠股利度日的股东每年至少可以得到虽然较低、但比较稳定的股利收入,从而吸引住这部分股东。

以上所述的是事业单位在实际经济生活中常用的几种股利政策,各种股利政策各有所长,公司在分配股利时应根据其基本决策思想,结合事业单位实际情况,选择适宜的股利分配政策。

三、股利支付的程序和方式

(一)股利支付的程序

股份有限公司向股东支付股利,其过程主要经历:股利宣告日、股权登记日、除息日和股利支付日。

(1)股利宣告日。即公司董事会将股利支付情况予以公告的日期。公告中将宣布每股股利、股权登记期限、除去股息的日期和股利支付日期等事项。我国的股份公司通常一年派发一次股利,也有的公司在年中派发中期股利。

(2)股权登记日。即有权领取股利的股东有资格登记截止日期。只有在股权登记日前在公司股东名册上有名的股东,才有权分享股利,证券交易所的中央清算登记系统为股权登记提供了很大的方便,一般在营业结束的当天即可打印出股东名册。

(3)除息日。即指领取股利的权利与股票相互分离的日期。在除息日前,股利权从属于股票,即持有股票者享有领取股利的权利;除息日开始,股利权与股票相分离,新购人股票的人不能分享股利。通常在除息日之前进行交易的股票,其价格高于在除息日之后进行交易的股票价格,原因主要在于除息日前股票的价格包含应得的股利收入。

(4)股利支付日。即向股东发放股利的日期。在这一天,上市公司可以通过计算机中央结算系统将股利直接打入股东资金账户,由股东向证券代理商领取股利。

(二)股利支付的方式

股利支付方式有多种,常见的有以下几种:

1. 现金股利

现金股利是以现金支付的股利,它是股利支付的主要方式。公司支付现金股利除了要有累计盈余(特殊情况下可用弥补亏损后的盈余公积金支付)外,还要有足够的现金,因此,公司在支付现金股利前须筹备充足的现金。

2. 股票股利

股票股利是事业单位将应分配给股东的股利以股票的形式发放。可以用于发放股票股利的,除了当年的可供分配利润外,还有公司的盈余公积金和资本公积金。股票股利一般按股权登记日的股东持股比例来分配,将股东大会决定分配的资本公积金和可供分配的利润转成股本,并通过证券中央结算登记系统按比例增加股东的持股数量。股票股利并没有改变事业单位账面的股东权益总额,同时也没有改变股东的持股结构,但是增加了市场上流通的股票数量,股票价格应该按发放的股票股利的比例下降。分派股票股利一方面扩张了股本,另一方面起到了股票分割的作用,使股票保持一个合理的价位,避免因股份过高使投资者望而却步。

对于事业单位来讲,分配股票股利不会使事业单位的现金大量流出,可以用现金进行再投资。信誉好的事业单位,因发放股票股利扩张了股本数量,如果以后继续持原有的股利水平,势必会增加未来的股利支付,这实际上向投资者暗示事业单位的经营业绩在今后将会有较大幅度的增长,因此造成股票价格的上涨。对于股东来说,虽然分得股票股利未得到现金,但是,如果发放股票股利之后,事业单位仍然维持原有的固定股利水平,股东在以后可以得到更多的股利收入。或者股票数量增加之后,股票价格并没有全面比例下降,股东的财富也会随之增加。

3.财产股利

财产股利是以现金以外的资产支付的股利,主要是以公司所拥有的其他事业单位的有价证券作为股利支付给股东,如债券、股票。

4.负债股利

负债股利是公司以负债支付的股利,通常以公司的应付票据支付给股东,在不得已的情况下也有发行公司债券抵付股利的。财产股利和负债股利实际上是现金股利的替代。这两种股利方式目前在我国公司实务中很少使用,但并非法律所禁止。

第四节　财务分析概述

一、财务分析的概念

(一)财务分析的内涵

1.财务分析的定义

有关财务分析的定义不同的专家学者有着不同的说法。台湾政治大学教授洪国赐等认为,财务分析以审慎选择财务信息为起点,作为探讨的根据;以分析信息为重要,以提示其相关性;以研究信息的相关性为手段,以评核其结果。美国纽约市立大学的Leopold A.Bernstein 认为,财务分析是一种判断过程,旨在评估事业单位现在或过去的财务状况及经营成果。其主要目的在于对事业单位未来状况及经营业绩进行最佳预测。

财务分析是以事业单位报表(包括资产负债表、损益表、现金流量表及有关附表和财务报告书)为主要依据,运用专门的方法对事业单位财务活动的过程和结果所进行的分

析。要正确理解财务分析的内涵,必须弄清以下几个问题:

(1)财务分析是一门综合性和边缘性的学科。综合性和边缘性是指财务分析不是对原有学科中关于财务分析问题进行简单重复或拼凑,而是依据经济理论和实践要求,综合了相关学科的长处的一门具有独立理论体系和方法论体系的经济应用学科。

(2)财务分析有完整的理论体系。财务分析的产生和发展,财务分析的理论体系不断完善。从财务分析的内容、财务分析的目的、财务分析的作用、财务分析的原则,到财务分析的形式及财务分析的组织等,都逐渐完善。

(3)财务分析有健全的方法论体系。财务分析的实践使财务分析的方法不断发展和完善,它既有财务分析的一般方法或步骤,又有财务分析的专门技术,从中可以看出财务分析方法论是健全的。

(4)财务分析有系统、客观的资料依据。财务分析最基本的资料是财务会计报表,财务会计报表体系和财务报表结构及内容的科学性、系统性、客观性为财务分析的系统性与客观性奠定了坚实的基础。

(5)财务分析有明确的目的和作用。财务分析的目的受财务分析主体和财务分析服务对象的制约,不同的财务分析主体进行财务分析的目的是不同的,不同的财务分析服务对象所关心的问题也是不同的。各种财务分析主体的分析目的和财务分析服务对象所关心的问题,也就构成了财务分析的目的和财务分析的研究对象。同时,财务分析的作用也很明显,它对于正确预测、决策、计划、控制、考核、评价都有着重要作用。

2.财务分析与相关学科的关系

我们了解财务分析的内涵,还要进一步明确财务分析与财务管理、会计、经济活动分析等学科的关系。

(1)财务分析与财务管理的关系。从财务分析与财务管理的关系看,它们的相同点在于"财务",都将财务问题作为研究的对象。区别主要表现如下:①财务分析与财务管理的职能与方法不同。财务分析的职能与方法的着眼点在于分析;财务管理的职能与方法的着眼点在于管理。而管理包含预测、决策、计划、控制、分析、考核等。但财务管理中的财务分析往往只局限于财务报表的比率分析,不是财务分析的全部。②财务分析与财务管理研究问题的侧重点不同。财务分析侧重于对财务活动状况和结果的研究;财务管理侧重于对财务活动的全过程的研究。③财务分析与财务管理结果的确定性不同。财务分析结果具有确定性,因为它以实践的财务报表等材料为基础进行分析;而财务管理结果通常是不确定的,因为它的结果往往是根据预测及概率估计的。④财务分析与财务管理对象不同。财务分析的对象包括投资人、债权人、经营者等所有有关人员,而财务管理的服务对象主要是事业单位内部的经营者和所有者。

(2)财务分析与会计的关系。研究财务分析与会计的关系,可以从财务分析与财务会计的关系和财务分析与管理会计的关系两个方面进行。

①财务分析与财务会计的关系。两者的关系主要体现在:第一,财务分析以财务会

计的核算报表资料为依据,没有正确的财务会计资料就不会得出正确的财务分析;第二,财务分析中的财务报表会计分析,要以会计原则、会计政策选择等为依据进行,因此,在某种程度上,会计分析也是财务会计的一部分。在西方的一些基础会计学中,通常都含有财务报表分析部分。我国的会计学中有时也包含会计分析部分,但是财务会计中的财务报表分析或会计分析,以及依据财务会计资料进行的分析并不是财务分析的全部含义,财务分析的内涵已说明,财务分析还包括对管理会计资料、其他业务核算资料和市场信息资料的分析。

②财务分析和管理会计的关系。这两者之间的关系有些含糊不清,有的人觉得二者是不相关的。其实,它们之间在对事业单位内部经营管理方面有一定的相关性。管理会计在一些步骤上应用财务分析的方法;财务分析也需要以管理会计资料为依据进行。但是财务分析无论从理论体系还是从方法论体系上都与管理会计有所区别,二者是不可相互取代的。

(3)财务分析与经济活动分析的关系。

从财务分析与经济活动分析的关系看,它们的相同点在于"分析",有着相同的或相近的分析方法、分析形式、分析程序等。其区别主要表现如下:

①财务分析与经济活动分析的对象与内容不同。财务分析分析对象是事业单位的财务活动,包括资金的筹集、运用、投放、回收、消耗、分配等;而经济活动分析的对象是事业单位的经济活动,除了财务活动,还有生产活动等。

②财务分析与经济活动分析的主体不同。财务分析的主体具有多元性,既可是事业单位的投资者、债权人,又可是事业单位经营者、职工及其他与事业单位有关或对事业单位感兴趣的部门、单位或个人;经济活动分析通常是一种经营分析,分析主体主要是事业单位经营者或职工。

③财务分析与经济活动分析的依据不同。财务分析的依据是事业单位会计报表资料及有关的市场利率、股市行情等信息;经济活动分析的资料则包括事业单位内容的各种会计资料、统计资料、技术或业务资料等。

(二)财务分析的目的

财务分析按分析主体的不同可分为投资人、债权人所进行的分析,事业单位内部管理人员所进行的分析,国家为进行宏观调控和监督对事业单位财务状况进行的分析。由于分析主体的不同,其分析目的也不尽相同。分析目的可以从以下几个方面进行。

1.事业单位的投资人、债权人所进行的分析

事业单位的投资者包括事业单位的所有者和潜在的投资者,他们进行财务分析的最根本的目的是看事业单位的盈利能力状况,因为盈利能力是投资者资本保值和增值的关键。但是投资者仅关心盈利能力还是不够的,为了保证资本保值增值,他们还应研究事业单位的权益结构、支付能力及营运状况。事业单位债权人仅包括事业单位借款的银行

及一些金融机构，以及购买事业单位债券的单位与个人等。债权人的目的：一方面为了从各自经营或收益目的出发愿意将资金带给事业单位；另一方面又要非常小心地观察和分析事业单位有无违约或清算破产的可能性。

2. 事业单位内部管理人员所进行的分析

从某种意义上讲，财务分析更适合于事业单位内部管理。外界的投资者和债权人只能从自己的投放上做出各种决策，他们对事业单位的影响只是间接的。事业单位内部管理人员经营的好坏，将会直接影响到事业单位的发展。所以，事业单位内部管理人员只有通过全面的财务分析，对事业单位的财务状况及经营成果做出准确判断，才能及时做出正确的决策。

3. 国家为进行宏观调控和监督对事业单位财务状况的分析

国家各级有关部门，一方面作为政府的代表要关心事业单位落实事业单位经营自主权，进入国内、国际市场竞争以及事业单位经营效益的状况。国家作为国有资产的所有者的代表更需要关心事业单位国有资产的保值、增值及盈利的情况。

（三）财务分析的作用

从财务分析的产生、发展及其他学科到财务分析的目的，都说明财务分析是十分必要的。尤其在我国建立社会主义市场经济体制和事业单位制度的今天，财务分析的意义更加深远，作用更加重大。财务分析的作用从不同的角度看各不相同，大体有如下几个作用。

1. 财务分析可以正确评价事业单位的过去

财务分析通过对实践会计报表等资料的分析能够准确地说明事业单位过去的业绩状况，能够指出事业单位的成绩和问题所在，是主观原因还是客观原因等。这不仅对正确评价事业单位过去的经营业绩十分有益，而且可对事业单位投资者和债权人的行为产生正确影响。

2. 财务分析可全面反映事业单位现状

财务会计报表及财务管理报表等资料是对事业单位各项生产经营活动的综合反映，但会计报表的格式及提供的数据往往是根据会计的特点和管理的一般需要而设计的，它不可能全面提供不同目的的报表使用者所需要的各方面数据资料。财务分析根据不同分析主体的分析目的，采用不同的分析手段方法，可得出反映事业单位在该方面现状的指标，如反映事业单位资产结构的指标、事业单位权益结构的指标、事业单位支付能力和偿还能力的指标、事业单位营运状况的指标、事业单位盈利能力指标等。通过这种分析，对于事业单位全面反映和评价事业单位的现状有重要作用。

3. 财务分析可用于估价事业单位的未来

财务分析不仅可用于评价过去和放眼现状，更重要的是它通过对过去与现状的分析与评价，估计事业单位的未来发展状况与趋势。财务分析对事业单位未来的估价：第一，可为事业单位未来财务预测、财务决策和财务预算指明方向；第二,可为事业单位进行财务危机预测提供必要信息；第三,可准确评估事业单位的价值及价值创造,这对事业单位进行经营者绩效评价、资本经营和产权交易都是十分有益的。

二、财务分析的产生、发展及内容

(一)财务分析与会计的发展

1. 财务分析与会计技术的发展

财务分析的基础是会计报表,因此,财务分析的产生与发展必然与会计技术的发展或会计报表的发展相适应。会计的发展有四个阶段:第一阶段是利用会计凭证记录交易；第二阶段是用会计分类账记录交易；第三阶段是编制会计报表；第四阶段是财务报表解释。

会计报表解释要求分析。会计报表是会计分类的缩写,相当少的数据代表了无数会计借贷的结果。但因为有些会计余额太综合以至于难于解释,另外许多影响会计余额的交易对解释是不敏感的。在这单一数据和无数数据之间的许多是需要解释的。为了取得这些中间数据,就要对报表进行分析,即从总体分解到其构成因素,或说是与会计相反的程序,从报表到原始分录。

会计报表解释要求比较。财务报表构成因素的进一步检验,并不是得出最终的财务状况的结论。因此解释财务状况仅分析财务报表是不够的,还要进行各种相关比较,包括不同历史阶段的比较。为了实践应用的需要,有些方法已经在这些年里得到了发展。

2. 财务分析与会计汇总的历史发展

要全面理解财务分析问题,了解会计汇总及方法的发展知识是有帮助的。对经营事业单位会计汇总的需要来自于现代会计的产生。对资产与负债的汇总被认为最初存在于 14 世纪。到 16 世纪会计汇总成为平衡会计分类账形式的有机组成部分。实际会计余额被以现代会计同样方式结账记入利润表。

从会计余额、会计汇总到会计报表的发展反映了财务分析与会计发展的相关联系。随着经济发展及人们对会计信息的需求,会计技术不断发展,会计报表不断完善。而会计技术与会计报表的发展与完善,又促进了财务分析的发展。

(二)财务分析应用领域的发展

1. 财务分析开始于银行家

直到 20 世纪初,财务报表一直被当作记账员工作的证明。然后一些银行家开始要求使用资产负债表作为评价贷款是否延期的基础。财务报表大规模使用于信贷目的,可能开始于 1895 年 2 月。从那时起报表被主要银行推荐使用。尽管当时银行开始请求其客户编制资产负债表,但没有试图对其内容进行任何数量计量。纽约第四国家银行副总经理杰姆斯是主张提供报表的最积极支持者。他认为扩大贷款必须预测贷款者的偿还能力，必须对报表进行分析。虽然他没说明如何进行分析，但要求设计出财务报表的比较格式，显然比较格式应是分析的内容。

2. 投资领域的财务分析

财务报表分析观察事业单位财务状况的观点也应用于投资领域。1900 年，汤姆斯发表了题为《铁路报告分解》的小册子，在处理各种铁路报表因素时，它使用了现代的分析方法，如固定费用与净收益比率等。

3. 现代财务分析领域

现代财务分析分析的领域不断发展和完善，早已不局限于初期的银行信贷分析和一般投资分析。开始发展为全面、系统地筹划分析、投资分析、经营分析等领域。随着经济进一步发展，体制改革与公司制的出现，财务分析在资本市场、绩效评价、事业单位重组、事业单位评估等领域应用越来越多。

（三）财务分析技术的发展

1. 比率分析的发展

财务分析的比率系统最早是在 1919 年由亚历山大建立，他曾发表一篇文章批评了银行家只依靠流动比率进行贷款决策。他指出，为了取得全面的认识，必须考虑财务报表间的各种关系，而不仅仅是流动资产与流动负债之间的关系。他一直是比率分析的最积极的倡导者，不过那时的比率分析的作用性被夸大了。

2. 趋势百分比的出现

直到 1925 年，才在出版物中出现对比率分析的严厉批评。斯蒂芬提出了四点异议：第一，比率的变动可能被解释为两个相关变量的变动；第二，很难综合反映比率和计算它的资产负债表的联系；第三，比率给人们不保险的最终印象；第四，比率不能给资产负债表的综合观点。他提出了替代比率的方法，以一年为基年，得到了基年的百分比。

3. 标准比率的推广

接受了比率计算方法，分析师感觉到还需要一种类似成本会计中标准成本的比率分析标准。倡导各个行业中都要有以行业行为活动为基础并反映行业特点的财务与经营比率。这些比率可能通过行业的平均比率来决定。因此标准的观点开始流行，许多组织开始计算这种标准。

4. 现代财务分析技术的发展和完善

现代财务分析技术在传统的分析技术基础上得到了发展和完善。应用很多的技术，比如趋势分析、结构分析、比率分析等。但是，和传统的分析技术相比，其分析体系、内容都发生了很大的变化。同时，很多新的技术应用于财务分析当中。总之，现代分析技术体现了传统分析技术与现代分析技术的结合、手工分析技术与电算化分析技术的结合、规范分析技术与实证分析技术的结合等。

（四）财务分析形式的发展

1. 静态分析与动态分析

静态分析是计量单一报表各项目之间的关系；静态分析通过对经济活动中各项目之间关系的分析，找出内在联系，揭示其影响与作用，反映经济效益与财务状况。动态分析是计量连续报表中各项目之间的关系；它通过对不同时期经济活动的对比分析，揭示经济活动变动及规律。要更好地解释财务报表，这两类分析都是必需的。

2. 内部分析与外部分析

内部分析是分析师在所分析事业单位的内部，他要接触账目和有关事业单位的完全信息。如事业单位管理目的的分析属于内部分析。外部分析是分析师在事业单位外部，他可能得到的信息只有会计报表和公司愿意披露的信息。如分析信贷与投资等属于外部分析。财务分析最初应用于外部，随着经济的发展与对管理的重视，内部分析的需要也在不断地扩大。

（五）我国财务分析的发展

我国的财务分析思想出现得较早，但真正地开展这项工作却不早，还是在 20 世纪初期。当时我国的一些金融家开始分析事业单位的经营效益和还债能力，但很少根据会计核算数据进行分析。新中国成立后，财务分析才作为事业单位经济活动分析的一部分。当时在计划经济时期，并不注重财务分析在经济活动中的作用。直到改革开放以后，随着事业单位自主权的逐渐扩大，财务分析才得到越来越多有识之士的重视，不仅经济活动中的财务分析内容得到充实，财务管理和管理会计等学科都增加了财务分析的内容。但是，财务分析在我国并没有形成独立完整的理论与方法体系，它只不过是作为这些学科当中的一部分，建立事业单位制度需要有独立的财务分析理论体系与方法论体系。因此，从我国现实经济发展角度来说，建立独立的财务分析学科体系是经济发展的客观需要。

（六）财务分析的内容

在发达的资本市场环境中形成的事业单位筹资结构，必然带有多元化特点，从而使事业单位财务分析的目的各不相同，财务分析的内容各有不同的侧重点。在我国，国家作为投资者关注的是国有资产的保值增值；债权投资人关注的是事业单位的偿债能力；股权投资人关注的是事业单位近期和未来的收益。当然，事业单位的盈利能力是全体投资者关注的焦点。虽然财务分析的目的和侧重点不同，但是财务分析的内容却全方位地包括了事业单位生产者的各个方面。为了便于仔细的阐述，可将财务分析按事业单位生产经营过程的时间顺序分为事前的决策分析、事中的控制分析和事后的评价分析。

1. 事前的决策分析

事业单位财务管理活动的重要功能之一就是在获得大量信息的基础上，依照财务活动的一般规律，对未来财务事项的进行及其结果进行合理的预计并做出最佳的决策与规划。主要包括以下内容：

（1）筹划决策分析。它是在对事业单位未来的资金的需要量、取得的来源、相应的资金成本等因素进行预测分析的基础上对资金筹划规模、结构等进行的事先决策和规划。

（2）投资决策分析。它是对资金使用的情况进行预测和规划，包括资金在生产经营过程中的使用规划和对外投资的预计与决策。

（3）经营决策分析。它是对经营过程中的产品更新、设备更新或租赁等问题进行的分析，并依据分析结果确定最优方案。

2.事中的控制分析

控制分析是指在事业单位财务预测或计划执行的过程中，及时把握其进展情况，并与预算或计划进行对比，发现差异并确定原因，从而为新编制预算或对预算本身进行调整，以增加其可行性所进行的分析。

3.事后的评价分析

事后的评价分析是在事业单位财务活动完成后，对实施的结果进行的分析。它包括以下几个内容：

（1）短期偿债能力分析。它主要是通过流动比率、速动比率等指标，反映事业单位的短期偿债能力。

（2）长期偿债能力分析。长期偿债是事业单位资本化资金的重要组成部分，也是事业单位的一个重要的融资途径。

（3）营运能力分析。它主要是对事业单位所运用的资产进行全面分析。分析事业单位各项资产的使用效果、资金周转的快慢及挖掘资金的潜力，以提高资金的使用效果。

（4）盈利能力分析。它主要是通过将资产、负债、股东权益与经营结果相结合来分析事业单位的各项收益率等指标，从不同的角度判断事业单位的盈利能力。

（5）其他分析。这些分析主要是侧重于报表的分析。着重从静态与动态两个方面对资产负债表、损益表进行全面分析，并将各项分析指标联系起来，揭示它们的内在联系，从而构成一个完整的财务分析体系。

三、财务分析的形式与要求

（一）财务分析的形式

由于进行财务分析的角度不同，按照不同的标准可以从以下几个方面进行分析。

1.内部分析与外部分析

（1）内部分析。内部分析，即内部财务分析，主要是指事业单位内部经营者对事业单位财务状况的分析。它可以及时准确地发现事业单位的成绩与不足，为事业单位未来生产经营顺利进行和提高经济效益指明方向。

（2）外部分析。外部分析，即外部财务分析，是事业单位外部的投资者、债权人及政府部门等，根据各自需要或分析目的，对事业单位的有关情况进行的分析。在事业单位制度条件下，外部分析是财务分析的重要组成部分和基本形式。

2. 静态分析与动态分析

（1）静态分析。静态分析是根据某一时点或某一时期的会计报表或分析信息，分析报表中各项目或报表之间各项目关系的财务分析形式。例如，可通过某一个财务比率，或是几个财务比率揭示财务关系，也可以通过垂直分析或结构分析，揭示总体中各项目的水平。

（2）动态分析。动态分析是根据几个时期的会计报表或相关信息，分析财务变动状况。例如，水平分析、趋势分析等都属于动态分析。它主要揭示财务活动的变动及规律。

3. 全面分析与专题分析

（1）全面分析。全面分析是对事业单位在一定时期的生产经营各方面的情况进行系统、综合、全面的分析与评价。它通常在年终进行，形成综合、全面的财务分析报告，向职工代表大会或股东代表大会汇报。

（2）专题分析。专题分析是根据分析主体或分析目的的不同，对事业单位生产经营过程中某一个方面的问题进行的较深入的分析。如在事业单位处于资金紧张时期，通过财务专题分析，可从筹资结构、资产结构、现金流量及支付能力等方面，研究资金紧张的原因及解决对策。

通常在财务分析中，都是将全面分析与专题分析相结合，这样才能全面、深入地揭示事业单位的问题，正确地评价事业单位的各方面状况。

4. 财务报表分析与内部报表分析

（1）财务报表分析。财务报表分析是财务会计报表分析的简称。财务报表分析是指对财务会计报表的分析。财务会计报表是依据会计准则和会计制度编制的，向国家有关部门及事业单位有关的单位等提供的反映事业单位财务状况和经营成果等会计信息的总结性文件。需要指出的是，财务报表分析不能仅对某一报表孤立地进行分析，而是应将全部财务报表分析结合起来，这样才能得出正确的结论。

（2）内部报表分析。内部报表分析是指除财务会计报表之外的其他与事业单位财务和会计活动有关的报表资料，其中最基本的是管理会计报表。需要指出的是，随着会计信息披露范围的扩大，许多内部会计报表作为财务报表的附表而被公开披露。因此，在这种情况下，财务报表分析形式与内部报表分析形式也将趋于统一。

（二）财务分析的要求

在财务分析过程中有很多要注意的事项，具体的要求有以下几个方面：

1. 创造和完善财务分析条件

我国目前已经有了统一的会计制度，但还都需要进一步完善。目前我国的信息披露体制还不够健全，渠道还不够畅通，这就要求我们在制度上对信息披露的完整性、时效性、准确性做出具体规划,为财务分析提供有用信息。

2.学习与掌握财务分析方法

搞好财务分析,除了掌握相关信息之外,还要求分析者要有相当的理论和实践水平。要求分析者要学习和掌握财务分析的理论与方法,适用于事业单位有关的所有单位或个人的需要。

3.建立与健全财务分析组织

随着事业单位制度的建立,事业单位的财务分析工作将逐步走上制度化、规范化的道路。这就要求事业单位必须建立与健全财务分析的体系,及时、系统、全面地分析事业单位的经营状况和财务状况。需要指出的是,事业单位的财务分析组织并不一定只对本事业单位的财务状况进行分析,在事业单位制度下,事业单位不仅仅关心自身经营,而且可能作为投资者、债权者与其他事业单位发生交易和往来,因此,对其他事业单位财务状况进行分析,也是财务分析组织的一项重要任务。

第五节　财务分析方法

开展财务报表分析,需要运用一定的方法,财务分析的方法有很多种,主要包括比较分析法、比率分析法、趋势分析法和因素分析法。

一、比较分析法

比较分析法是通过揭示财务活动中的数量关系和数量差异来评价事业单位财务状况,从中发现问题的一种分析方法。它可以进一步分析产生差异的原因和为消除差异提出建议对策提供依据。

在进行比较时主要采取标准法,即将事业单位财务指标的实际值与标准值进行对比,以反映事业单位财务指标变动的绝对数额的大小和变动的相对程度。作为比较标准的主要有典型标准、行业标准、目标标准和历史标准四种。

（一）典型标准

典型标准是指在财务管理的实践中证明最能有效评价事业单位财务状况并已被普遍接受的公认数据。例如,流动比率,按照西方财务管理的长期经验,一般认为2:1的比例比较适宜,那么2:1就作为衡量事业单位短期偿债能力的标准。

（二）行业标准

行业标准是以同行业先进指标或平均指标作为标准进行对比,以摸清本事业单位在行业中所处的位置,揭示本事业单位与同行业的差距,以便学习先进经验,改善经营管理。

（三）目标标准

目标标准是将财务管理的预期目标作为标准，将实际财务指标与之对比，如果实际财务指标高于目标，应及时总结经验，以便继续保持良好的财务状态；如果实际财务指标低于目标值，则应进一步查明产生差距的原因，以便改进财务管理工作。

（四）历史标准

历史标准是将本期财务报表中的数据与过去的同类数据进行对比，以揭示当前事业单位财务状况和经验成果的变化趋势与历史数据存在的差距。历史标准有三种：上期末数据、同期数据、历史最高数据。

在运行比较分析时，必须注意财务指标的可比性。这种"可比性"首先在性质上要求是同类，对不同类型的事业单位，其相关的财务指标不可比；其次，在范围上一致，即相比较的财务指标所代表的主体范围应基本相同，例如，比较不同时期的产品成本，成本包括范围应基本上一致；最后，时间上相同，即相比较的财务指标所代表的时期是相同的。为此，一般采用年度指标或月份指标。

二、比率分析法

比率分析法是财务分析的最基本、最重要的方法。正因为如此，有人甚至将财务分析与比率分析等同起来，认为财务分析就是比率分析。比率分析实质上是将影响事业单位财务状况的两个相关因素联系起来，通过计算比率，反映它们之间的关系，借以评价事业单位财务状况和经营状况的一种财务分析方法。比率分析的形式有：第一，百分率，如流动比率为200%；第二，比率，如速度比率为1:1；第三，分数，如负债为总资产的1/2。因此，根据分析的目的和要求的不同，比率分析可以分为以下三种。

（一）构成比率

构成比率又称结构比率，它是某项经济指标的各个组成部分与总体的比率，反映部分与总体的关系。其计算公式为：

构成比率 = 某个组成部分的数额 / 总体数额

利用构成比率，可以考察总体中某个部分的形成和安排是否合理，以便协调各项财务活动。

（二）效率比率

效率比率是某项经济活动中所费与所得的比率，反映投入与产出的关系。利用效率比率指标，可以进行得失比较，考察经营成果，评价经济效益。如将利润项目与销售成本、销售收入、资本等项目加以对比，可计算出成本利润率、销售利润率以及资本利润率指标，可以从不同角度观察比较事业单位获利能力的高低及其增减变化情况。

（三）相关比率

相关比率是根据经济活动客观存在的相互依存、相互联系的关系，以某个项目和与其有关但又不同的项目加以对比所得的比较，反映有关经济活动的相互关系。利用相关比率指标，可以考察有联系的相关业务安排得是否合理，以保障事业单位运营活动顺畅进行。如将流动资产与流动负债加以对比，计算出流动比率，据以判断事业单位的短期偿债能力。

比率分析的优点是计算简便，计算结果容易判断，而且可以使某些指标在不同规模的事业单位之间进行比较，甚至也能在一定程度上超越行业间的差距进行比较。采用这一方法应该注意以下几点：

1. 对比项目的相关性

计算比率的子项和母项必须具有相关性，把不相关的项目进行对比是没有意义的。在构成比率指标中，部分指标必须是总体指标这个大系统中的一个小系统；在效率比率指标中，投入与产出必须有因果关系；在相关比率指标中，两个对比指标也要有内在联系，才能评价有关经济活动之间是否协调均衡，安排是否合理。

2. 对比口径的一致性

计算比率的子项和母项必须在计算时间、范围等方面保持口径的一致。

3. 衡量标准的科学性

运用比率分析，需要运用一定的标准与之对比，以便对事业单位的财务状况做出评价。通常而言，科学合理的对比标准有：

（1）预定目标。如预算指标、设计指标、定额指标、理论指标等。

（2）历史指标。如上期实际、上年同期实际、历史先进水平以及有典型意义的时期实际水平等。

（3）行业标准。如主管部门或行业协会颁布的技术标准、国内外同类事业单位的先进水平、国内外同类事业单位的平均水平等。

（4）公认水平。

三、趋势分析法

趋势分析法又称水平分析方法，它是将各期实际指标与历史指标进行比较，直接观察其绝对额或比率的增减变动及变动幅度。采用这种分析方法可以揭示事业单位财务状况和生产经营情况的变化，分析引起变化的主要原因及变动的性质，并预测事业单位未来的发展前景。

四、因素分析法

一项财务指标往往是由多种因素构成的，只有将这种综合性的指标分解为它的各种因素，才能了解指标完成好坏的真正原因。这种把综合性指标分解为各个因素的方法，称为因素分析法。

由于构成综合指标的各因素之间相互关系的复杂性不同，因素分析又有各种方法。比较复杂的因素分析法，就是各构成因素之间有一定的联系。例如，生产中实际耗用材料超过了计划规定用料，可能是由于产品生产数量的变动、购料价格的变动、单位产品耗用材料数量的变动三个因素造成的，而这三个因素之间又有一定的联系，通常要用连锁替代法进行分析。

因素分析法根据其分析特点可分为连环替代法和差额计算法两种。

（一）连环替代法

连环替代法是因素分析的基本形式，有人甚至将连环替代法与因素分析法看成是同一个概念，即连环替代法就是因素分析法，或因素分析法就是连环替代法。连环替代法的名称是由其分析程序的特点决定的。

（二）差额计算法

差额计算法是因素分析法的一种简化形式，它是利用各个因素的实际数与基准数或目标值之间的差额，来计算各个因素对总括指标变动的影响程度。

第六节　财务综合分析

前几节分别从偿债能力、营运能力、盈利能力等方面对事业单位的财务能力进行了分析，这些分析是从某一侧面说明事业单位的财务状况或经营成果的，因而基于这种分析对事业单位财务的认识，也只是一种局部的、分散的认识，而非整体的、综合的认识。事实上，偿债能力、营运能力和获利能力三者之间存在着相关性。事业单位营运能力决定其获利能力，并直接或间接地决定着偿债能力。获利能力一方面取决于营运能力，另一方面又决定着偿债能力。要想对事业单位的财务状况和经营成果有一个总的评价，就必须进行财务综合分析。

一、杜邦分析法

杜邦分析法是利用几种主要财务指标之间的内在联系来综合分析事业单位财务状况的方法。由于这种方法是由美国杜邦公司经理人员创造并首先采用的，故称为杜邦分析法。杜邦分析法是以股东权益报酬率为起点，按具体的逻辑关系层层分解，直到财务报表原始构成要素。

销售净利率反映了事业单位净利润与销售收入的关系，它是提高事业单位获利能力的关键所在。要提高销售净利率有两个途径：一是增加销售收入，二是降低成本费用。需要注意的是，在增加销售收入的同时，又能够降低成本费用，这是最佳途径。实际工作中，经常出现的现象是，在增加销售收入的同时，成本费用也增加，事业单位应确保销售收入的增加幅度高于成本费用的增加幅度。

总资产周转率反映事业单位运用资产来产生销售收入的能力，也反映资产的周转速度。一般说来，资产周转速度越快，事业单位销售能力越强，资产利用效率越高。对总资产周转率进行分析主要从两方面入手：一方面分析事业单位资产结构是否合理，即流动资产与非流动资产的比例是否合理。资产结构不仅关系到事业单位的偿债能力，也会影响事业单位的获利能力；另一方面结合销售收入，分析事业单位资产的周转情况。不仅要分析总资产的周转情况，而且要分析事业单位存货周转率与应收账款周转率，并将周转情况与占用情况结合分析，以加强对资产的管理，提高资产的利用效率。

权益乘数反映事业单位的股东权益与总资产的关系，它主要受负债比率的影响。负债比率越大，权益乘数越高，说明事业单位有较高的负债程度，这样能给事业单位带来较大的财务杠杆利益，同时事业单位也需要承受较大的风险压力。因此，事业单位既要合理使用全部资产，又要妥善安排资金结构。

杜邦分析法为事业单位提高股东权益报酬率、实现股东财富增长指明了可采取的途径。事业单位只有协调好各个因素之间的关系，才能使股东权益报酬率达到最大，从而实现事业单位的财务目标。

二、财务状况综合评分法

（一）沃尔评分法

事业单位在进行财务分析时，经常无法判断某一指标是偏高还是偏低。与本事业单位的历史指标相比，也只能看出自身的变化，却无法判断其在市场竞争中的优劣地位。为弥补这一缺陷，亚历山大·沃尔在 20 世纪初出版的《信用晴雨表研究》和《财务报表比率分析》中提出了信用能力指数的概念，把 7 个财务比率用线性关系联结起来，并分别给定各自的分数比重，然后通过与标准比率进行比较，确定各项指标的得分及总体指标的累计分数，以此来评价事业单位的信用水平。

（二）现代综合评分法

现代社会与沃尔所处的时代相比，已有很大的变化。一般认为事业单位财务评价的内容主要是盈利能力，其次是偿债能力，此外，还有成长能力。三者之间大致可按 5:3:2 来分配比重。反映盈利能力的主要指标是资产净利率、销售净利率和净值报酬率。由于前两个指标已使用净值，减少了重复，反映盈利能力的三个指标可按 2:2:1 的比例安排。反映偿债能力的四个常用指标是自有资本比率、流动比率、应收账款周转率和存货周转率。反映成长能力的三个常用指标是销售增长率、净利增长率和人均净利增长率。

第四章 事业单位内部控制基本规范精解

《事业单位内部控制基本规范》（以下简称《规范》）是财政部、证监会、审计署、银监会、保监会于 2008 年 5 月 22 日联合发布的。其宗旨是加强和规范事业单位内部控制，提高事业单位经营管理水平和风险防范能力，促进事业单位可持续发展，维护社会主义市场经济秩序和社会公众利益。它适用于境内大中型事业单位，小型事业单位和其他有关单位可参照本《规范》建立与实施内部控制。

第一节 事业单位内部控制含义及构成

一、现代内部控制制度的产生与发展

事业单位内部控制理论的产生与发展，是基于客观经济发展的需要，是一个逐步演变完善的过程。学习和借鉴国内外经验，正确理解和深入实施内部控制，对提高事业单位持续发展能力、应对风险、实现事业单位战略目标有重要的意义。

控制是一种自觉行为，是控制者对被控制对象的一种能动作用，控制对象按照控制者的控制作用而行动，并达到系统的预定目标，这就是控制。

事业单位内部控制是事业单位领导者为了实现经营目标，动员全体员工运用控制手段对事业单位的经营活动实施管控的一种行为及过程。其发展大体经历以下几个阶段。

内部控制初始于内部牵制，主要目的是防范营私舞弊，确保账簿信息真实可靠。内部牵制的主要内容是账目间的相互核对，其主要方式是岗位不兼容，这在早期被认为是确保所有账目正确无误的一种理想控制方法。

内部控制制度阶段，是以会计控制为核心，重点是建立健全规章制度，用制度控制事业单位的财务活动。

内部控制结构阶段，内部控制被认为是保证事业单位特定目标实现而建立的各种政策和程序，它分为内控环境、会计制度和控制程序三个方面。

内部控制整合阶段，是在上述三个阶段的基础上，把内部控制要素综合成五个相互关联的整体（也称 COSO 报告），被称为内部控制的第四个阶段。

内部控制第五个阶段是 2004 年 4 月在 COSO 报告基础上结合《萨班斯法案》的要求，在内部控制整合框架五要素的基础上形成了《事业单位风险管理——整体框架》。提出内部控制包括四大目标（战略目标、经营目标、报告目标和合规性目标）和八项要素（内部环墙、目标设定、事项识别、风险评估、风险应对、控制活动、信息与沟通、监督），将内部

控制与风险管理理念贯穿其中。它是内部控制发展的最新阶段,标志着内部控制进入稳步发展时期。

2009 年 11 月 15 日国际标准化组织(ISO)经过长达四年多的讨论与修改,终于正式发布了 ISO31000:2009 标准《风险管理——原则与指南》,ISO31010:2009 标准《风险管理——风险评估技术》(以下简称"标准"),定义了风险概念,确定了风险管理过程,规定了风险评估程序,指出了风险管理的 11 项原则,强调了风险管理创造并保护价值。明确指出"风险是不确定性对目标的影响",其中的"影响"有可能是正面的,也可能是负面的;有机会,也有威胁。风险管理是管理不确定性,减小威胁、放大机会,创造条件改变风险过程,使风险向有利方向转化。

"标准"是人类在管理学领域的又一个里程碑式的成果,它的发布将改变世人对风险纯负面的认识,"标准"将世界各国管理风险的先进理论及方法论融为一体,开辟了人类管理风险、管理未来的新纪元。

现代意义的内部控制,是伴随着社会化大生产的发展而发展,尤其是事业单位制度的建立而逐渐发展完善的。一方面,事业单位的生产经营活动都有自己预定的目标,要实现预定目标,就必须拟订计划,而计划是一种事前设想,在执行过程中,难免不发生偏差,使预定的目标和设想受到影响。为此,需要一系列控制手段,用来审查和纠正偏离计划的现象,将计划与实际执行情况进行比较,从而找出差距和原因。分清经济责任,及时采取措施,进行调整和纠正经营活动,保证预定目标完成,这就是一种控制机制。另一方面,事业单位制度下,事业单位财产的所有权与经营权相互分离,投资者和经营者的经济关系更为复杂,他们之间通过建立相互制衡的组织机构,使事业单位的生产经营活动得以协调、正常运转,从而形成对事业单位内部控制的机制。所以事业单位生存发展需要内部控制机制。

我国早在商代就有内部控制的萌芽,并随着社会的进步、生产力的发展而不断发展。新中国成立后,不论计划经济时期,还是社会主义市场经济时期,事业单位内部的管理制度都在不断地变革与发展,随着市场经济的完善与发展,自引入外资、走出国门、加入了 WTO,实现经济全球化、资本国际化,财务欺诈丛生、金融危机频发,使事业单位形势错综复杂、瞬息万变,不可预测风险日渐突出。在总结我国内控管理的基础上,还借鉴了国外事业单位制度的经验。2008 年 5 月五部委联合发布了《事业单位内部控制基本规范》,2010 年 4 月又发布了《事业单位内部控制配套指引》(以下简称《指引》),标志着我国的内部控制体系建设取得了重大突破。这是继我国事业单位会计准则、事业单位审计准则正式颁布和实施后,为促进资本市场的发展出台的又一重大举措。《规范》立足我国国情、借鉴国际惯例,确立了我国事业单位建立和实施内部控制的基本框架,形成了完整的内部控制体系。

制定《规范》的目的是加强和规范事业单位内部控制,提高事业单位的经营管理水平和风险防范能力,促进事业单位可持续发展,维护社会主义市场经济秩序和社会公众利益。

二、内部控制的定义及目标

（一）什么是事业单位内部控制

定义明确了三点：①内部控制是一个过程，贯穿于生产经营活动的始终；②内部控制是为了实现控制目标；③内部控制是由事业单位董事会、监事会、经理层和全体员工实施的。

《规范》将其定义为："由事业单位董事会、监事会、经理层和全体员工实施的、旨在实现控制目标的过程。"

可见事业单位内部控制是为实现事业单位目标而实施的全员、全面、全过程的管控活动。内部控制的对象是事业单位的生产经营活动及其管理行为。

（二）内部控制的目标

目标是实施内控期望达到的预期成果。内部控制的目标也是不断发展与完善的，从最初会计查错防弊、防止财务造假，到保证财务信息的准确、可靠与公允，历经几十年的演变，其外延及内涵都有了较大发展。我国的内控目标也由国际上的三项目标（经营目标、财务报告目标、合规性目标）增加为五项。

《规范》指出：内部控制的目标是合理保证：①事业单位经营管理合法合规；②资产安全；③财务报告及相关信息真实完整；④提高经营效率和效果；⑤促进事业单位实现发展战略。

事业单位要实现其战略目标任务，需要将这一大目标根据管理的层次及岗位逐级分解、层层落实，使各单位、各部门及其每一员工都知道在实现事业单位发展战略目标过程中自己应负责完成的任务。做到"人人身上有指标（目标），具体内容都知道"，并遵照国家法规及事业单位内部规章制度，扎扎实实、高效率地完成自己承担的目标任务，从而实现事业单位的战略目标。

三、内部控制原则

原则是对行为的一种规范。事业单位建立与实施内部控制，应当遵循下列五项原则：

（一）全面性原则

所谓全面是指：事业单位内部控制应当贯穿于决策、执行和监督全过程，覆盖事业单位及其所属单位的各种业务和事项。即凡有经济活动的地方都应实施内部控制。主要体现在：

（1）内部控制是全过程控制。即对事业单位整个经营管理活动过程进行全面的控制。包括事业单位管理部门用来授权与指导、进行购货、生产、销售等经营管理活动的各种方式/方法,也包括核算、审核、分析等各种信息及进行报告的程序与步骤等。

（2）内部控制是全员性控制。即事业单位的全体员工都应结合自己的工作实施控制。事业单位每一个成员既是实施控制的主体,又是受控的客体,保证每一位员工,包括高层管理人员及基层操作人员,都受到相应的控制。全面控制原则是建立内部控制制度的重要基本原则之一,贯彻全面性原则可以保证事业单位的生产经营活动有序地进行。

实际工作中,因一个细节的疏忽而导致整个组织失败的例证大量存在。

（二）重要性原则

内部控制应当在全面控制的基础上,关注重要业务事项和高风险领域。因为这些事项及领域一旦发生失误,会给经营目标的实现带来巨大影响。因此应对业务流程进行风险评估,权衡成本效益,经过排序风险后确定关键控制点。

（三）制衡性原则

所谓制衡就是创造相互制约、互相监督的两级或多级,使任何一级都无法单独决定事务的全过程和结果。

内部控制应当在治理结构、机构设置及权责分配、业务流程等方面形成相互制约、相互监督,同时兼顾运营效率。

（1）治理结构制衡。公司治理结构包括股东（大）会、董事会、监事会和经理层,它们之间应按公司法要求,各司其职、各负其责,形成权力制衡的关系。

（2）机构设置及权责分配制衡。事业单位机构和人员的设置应符合内控制衡原则,做到内部机构、岗位和人员的合理设置、职责的合理划分,坚持不相容职务相分离,确保不同机构和岗位之间的相互制约和相互监督。

（3）业务流程制衡。在业务流程中,事业单位可以根据业务流程过程设置不同的岗位,使它们形成稽核或监督关系,从而防止错误和舞弊行为,实现业务流程制衡。

（四）适应性原则

内部控制应当与事业单位经营规模、业务范围、竞争状况和风险水平等相适应,并随着情况的变化及时加以调整。

在市场经济中外部环境随时都在变化,事业单位要想获得生存与发展,必须提高应变能力,以适应外部环境的变化。因此,事业单位应根据目前及未来发展趋势,不断地、及时地修订和完善内部控制,才能发挥应有的积极作用。

（五）成本效益原则

内部控制应当权衡实施成本与预期效益,以适当的成本实现其有效控制。

贯彻这一原则应注意:当一些业务通过不断增加控制点来达到较高的控制程序时,就应当注意考虑采用多少控制点才能够使控制收益减去控制成本的值最大化。

内部控制制度设置过程中应树立成本效益观念，避免控制制度的烦琐与复杂。那种不顾实际，过分强调所谓"严密"要求，设计出十分庞杂的控制制度的做法，不但浪费人力、物力与财力，也会导致职工产生厌烦情绪。

四、内部控制要素

为了实施有效的控制实现事业单位的战略目标，我国在学习世界领先经验基础上，确定为"五项要素"。五项控制要素与五项控制目标贯穿于事业单位的各部门、各业务单元及各个层面的业务活动之中，从而形成了一个完整的内部控制体系。

事业单位的经营管理活动是一项有目的的活动，其目标是事业单位价值最大化。在实现这一目标过程中，会受到外部及内部、现在与未来环境变化的影响。为此，需要对不利因素（威胁）实施有效的控制，对有利因素（机会）加以利用，才能达成预期的目标。因此，经营目标的实现需要内部控制提供保障。

（一）内部环境

内部环境是事业单位实施内部控制的基础，一般包括治理结构、机构设置及权责分配、内部审计、人力资源政策、事业单位文化等。

根据事业单位所有权与经营权分离，按公司法要求，合理设置治理机构，发挥制衡作用，有效地监督事业单位的组织活动。通过健全的事业单位组织运作，可有效地防止非法行为等弊端，促进经营目标的实现。

（二）风险评估

风险评估是事业单位及时识别、系统分析经营活动中与实现内部控制目标相关的风险，合理制定风险应对策略。它包括风险识别、风险分析和风险应对。

（1）风险识别。风险识别就是运用一定方法，确定未来何种风险可能影响事业单位控制目标的实现，并将这些风险的特性、情境等整理成文档。

（2）风险分析。管理者应从风险发生的可能性和影响度两个方面对风险进行分析。风险发生的可能性是指某一特定事项发生的概率大小。影响度则是指如果该事项发生将会给目标实现带来的损失程度。根据分析结果进行风险排序，以确定控制重点。

（3）风险应对。在对风险进行相应的评估后，管理者应针对不同情境制定不同的风险应对方案，并在参照风险容忍度和成本效益原则的前提下，考虑每个方案如何影响事项发生的可能性及事项的需要。设计和执行风险的应对方案。

（三）控制活动

控制活动是事业单位根据风险评估结果采取控制措施，将风险控制在可承受度之内。控制活动是为确保管理层的风险应对措施被执行而采取的政策和程序，是实现内部控制的具体方式。

控制活动发生于整个事业单位的各个部分、各个层面及各项职能，包括一系列的活动，如批准、授权、审核、调整、经营业绩评价、资产安全及职责分离等。

（四）信息与沟通

信息与沟通是事业单位及时准确地收集、传递与内部控制相关的信息，确保信息在事业单位内部、事业单位与外部之间进行有效沟通。

为保证事业单位各职能的有效运行，必须对来自事业单位内部和外部的相关信息以一定的格式和时间间隔进行收集、确认和传递，使信息在事业单位内外得到交流，包括事业单位内部自上而下、自下而上、纵向和横向交流，以及与事业单位外部相关方面的有效沟通和交换。如客户、供应商、行政管理部门和股东等。信息有效地沟通和正确应用，是实现内部控制的重要条件，事业单位应建立举报投诉制度和举报人保护制度，确保内部控制制度的有效运行。

（五）内部监督

内部监督是事业单位对内部控制的建立与实施情况进行监督与检查，评价内部控制的有效性，发现内控存有缺陷，应当及时改进。

内部监督是评估事业单位风险管理内容及执行质量的过程。事业单位可以通过持续监控和个别评估方法对风险管理实施监督。这两种方法都可用来保证事业单位的风险管理在事业单位内部各管理层面、各职能部门及各业务流程得到持续有效的运行，及时解决内控制度存在的缺陷和运行中存在的不足。

五、内部控制的实施

事业单位如何有效地贯彻实施内部控制？《规范》第六条指出："事业单位应当根据有关法律法规、本规范及其配套指引，制定本事业单位的内部控制制度并组织实施。"具体做法是：

（一）运用信息技术，加强内部控制建设

事业单位应当运用信息技术加强内部控制，建立与经营管理相适应的信息系统，促进内部控制流程与信息系统的有机结合，实现对业务和事项的自动控制，减少或消除人为操纵因素，为实施有效的内部控制创造条件。

（二）建立激励约束机制，促进内控规范实施

事业单位应当建立内部控制实施的激励约束机制，将各责任单位和全体员工实施内部控制的情况纳入绩效考评体系，并定期考评，促进内部控制健康有效实施。

（三）依据法律法规，监督检查内控实施

国务院有关部门可以根据法律法规、内部控制基本规范及配套指引，明确贯彻实施

基本规范的具体要求,对事业单位建立与实施内部控制的情况进行监督检查。

(四)运用自我评价,不断完善内部控制

执行基本规范的上市公司,根据规定应当对本公司内部控制的有效性进行自我评价,披露年度自我评价报告,并可聘请具有证券、期货业务资格的会计师事务所,对内部控制的有效性进行审计,找出不足加以完善。

(五)借助外部力量,推进提高内部控制

接受事业单位委托从事内部控制审计的会计师事务所,应当根据基本规范及其配套办法和相关执业准则,对事业单位内部控制的有效性进行审计,出具审计报告。会计师事务所及其签字的从业人员,应当对发表的内部控制审计意见负责。

为事业单位内部控制提供咨询的会计师事务所,不得同时为同一事业单位提供内部控制审计服务,以确保内部控制制度的正确贯彻与执行。

六、内部控制局限性

内部控制制度和其他事物一样,也存在一些缺陷。充分认识这些不足,对正确贯彻基本规范有重要意义。内控缺陷主要表现如下:

(一)成本效益制约

设置内部控制制度要受成本效益原则的限制,一个内部控制系统所寻求的保证水平有必要根据制度耗费的成本来确定。一般来说,控制程序的成本不能超过风险或错误可能造成的损失和浪费,否则,内部控制措施就不符合经济性。因此,没有一种内部控制是完美无缺的。就一个大中型事业单位而言,由于事业单位的整个生产和管理环节分工较细,因而设置健全的内部控制制度是值得的;而在一个小型事业单位,则很难建立与大中型事业单位同样健全的内部控制制度,应注意经济上的合理性。

(二)串通舞弊

不相容职务的恰当分离可为防范单独一人从事和隐瞒不合规行为,提供一定的保证。但是,两名或更多的人员合伙便可以逃避这种控制。如出纳员和会计员合伙舞弊、财产保管员和财产核对员合伙造假等,对此类事件再好的控制措施也无能为力。所以,内部控制可能因为有关人员相互勾结、内外串通而失效。

(三)人为错误

内部控制发挥作用的关键在于执行人员的准确操作。然而,人们在执行内控职责时不可能始终如一的正确无误。执行控制人员可能因生理和心理因素而影响内部控制系统正常功能的发挥。如果内部控制执行者情绪和健康状况不佳,或执行人员粗心大意、精力分散、身体不适、理解错误、判断失误、曲解指令等都会造成控制的失效。如对发票

金额计算或填写错误未及时发现、发货时未索要提货单、签发支票时未审查支付用途等，都会使内控失去功效。

（四）管理越权

管理越权，一般表现为挪用或者是错误陈述。挪用，主要指资产的违规转移和隐瞒。对于低层次的人员其资产的挪用可以通过文件凭证、限勒接近和职责分离等措施来防止。然而，高层管理人员一旦越权挪用，则任何内部控制程序都难以防止。错误陈述主要指管理部门或主要管理者蓄意弄虚作假，故意改变数据、虚报错报财务状况和经营成果等。当事业单位出现政企不分、行政干预等也会导致公司董事会、监事会等法人治理结构形同虚设、丧失控制职能。这类错误也难以防止。我国长期以来主管部门的行政干预常常导致错误陈述行为的发生，不少事业单位发生的重大舞弊和财务会计报告失真等情况是由管理越权等原因造成的。

（五）经济活动多变

事业单位原有的内部控制一般都是为那些重复发生类业务设计，这些控制措施对不正常或未能预料到的业务类型的控制则无能为力。内部控制可能因为经营环境、业务性质的改变而削弱或失效。事业单位针对变化的环境势必要经常调整经营策略，这就会导致原有的控制程序对新增的业务内容失去控制作用，在变化过程中可能会发生差错或不合规行为。即使环境不变，一旦内部控制系统发生变化，同样也会产生类似的问题。如会计系统某一部分作业实现了电算化就可能导致原有的控制制度失效或暂时控制过多。假设在电算系统中包括双重核对的程序，那么原有的手工操作复核程序就变得多余，如果继续保留就会导致控制多余；如果电算系统没有设计核对程序而取消了手工复核程序，则会导致控制不足。

第二节　内部环境精解

内部环境是指影响、制约事业单位内部控制建立与执行的各种内部因素的总称，一般包括治理结构、机构设置及权责分配、内部审计、人力资源政策、事业单位文化和法制观念等，涵盖了对事业单位内部控制系统的建立和实施有重大影响的各种因素。内部环境表现为一种氛围，影响着事业单位成员的控制意识，是其他所有控制要素的基础，决定了内部控制的实施及效果。

一、公司治理结构和议事规则

公司作为一种法人组织，具有权力主体资格，但权力不能由公司来行使，而必须由公司的某些自然人完成。公司治理结构就是指公司的权力在股东、董事及经理层的分配，明确决策、执行、监督等方面的职责权限，形成科学有效的职责分工和制衡机制，构建科学的决策体系,保障公司健康有效地运行。它是内部环境的最高层次和基础。

早在 1992 年英国研究公司治理财务范畴的委员会所发布的《坎特伯里报告》中界定的公司治理为"指示及监控公司的一套制度",该报告提出了三项被广为接受的公司治理的基本原则:公开、诚信和问责。其中诚信治理包括承担、管控、守则和沟通。承担,即领导必须坚持及承担在机构内提倡崇高的道德标准;管控,即制定完善的系统和程序以防止舞弊行为、管理利益冲突情况、施以监察制衡、亦须经常检讨该系统和程序;守则,即将道德标准清楚地列明在纪律守则内,供管理层、职员、专业顾问、合伙人等利益相关者做参考;沟通,即向利益相关者提倡道德标准及纪律守则,并推行有关教育。

董事会负责内部控制的建立健全和有效实施。监事会对董事会建立与实施内部控制进行监督。经理层负责组织、领导事业单位内部控制的日常运行。

(一)股东(大)会

股东(大)会是公司最高管理机构。依法行使事业单位经营方针、筹资、投资、利润分配等重大事项的表决权。

(二)董事会

董事会对股东(大)会负责,依法行使经营决策权。董事会应当充分认识自身所承担的责任,负责内部控制的建立健全和有效实施,并给予指导和监督。主要权责有:

(1)核准事业单位的战略目标和价值标准,并监督其在事业单位经营活动中的贯彻实施。

(2)界定高级管理层的权限与责任,并建立严格责任制和问责制。

(3)高级管理层进行适当监督,确保董事会制定的政策得以实施。

(4)依据公司文化、事业单位长期目标、战略及环境等确定公司薪酬政策。

(三)监事会

监事会对股东(大)会负责,其职责是监督事业单位董事、经理和其他高级管理人员依法履行职责。监事会有权要求上述人员纠正其损害公司利益的行为,并监督执行情况。依法对董事、高级管理人员提起诉讼。

(四)经理层

经理层负责组织实施股东(大)会、董事会决议事项,主持事业单位的生产经营管理工作。

二、机构设置与权责分配

事业单位应根据国家有关法规和事业单位章程,结合规模大小、人员多少、业务繁简、经营性质来设置机构和划分权责,将权力与责任落实到责任单位。机构和人员设置应当科学合理,权责分配应有利于效率和效果的提高。

(一)机构设置与权责分配

上市公司董事会可按照股东大会的有关决议,设立战略、审计、提名、薪酬及考核等专门委员会。专门委员会成员全部由董事组成,其中审计委员会、提名委员会、薪酬与考核委员会中的独立董事应占大多数并担任召集人,审计委员会成员仅限于外部董事,其中至少有1名是会计专业人士。各专门委员会对董事会负责,提案应提交董事会审查决定,还可以聘请中介机构提供专业意见,有关费用由公司承担。

(1)战略委员会主要职责是:对公司长期发展战略和重大投资决策进行研究并提出建议。

(2)审计委员会是公司治理中的一项重要制度安排,其职责是:提议聘请或更换外部审计机构;监督公司的内部审计制度实施;负责内部审计与外部审计之间的沟通;审核公司的财务信息及其披露;监督检查内部控制制度及其实施;等等。

(3)提名委员会的主要职责是:研究董事、经理的选择标准和程序并提出建议;广泛收罗合格的董事和经理的人选;对董事和经理候选人进行监查并提出建议。

(4)薪酬与考核委员会的职责是:研究董事与经理人员考核的标准,进行考核并提出建议;研究和审查董事、高层管理人员的薪酬政策与方案。

公司应设立日常内部控制管理机构或指定适当机构,具体负责组织协调内部控制制度的建立与实施,促进经营目标的实现。

(二)人员设置与权责分配

事业单位在设置人员和权责分配时,要实现对权力的制衡。因此,事业单位必须将权力分配到相应部门和人员,同时进行权力之间的制衡。

事业单位应根据经营目标、职能划分和管理要求,明确高级管理人员职责和权限,将权力与责任分解到具体岗位,为内部控制的有效实施创造良好条件。高级管理人员是指对事业单位的决策、经营、管理负有领导职责的人员,包括董事长、董事会成员、经理、副经理、总会计师等。

(三)独立董事制度

上市公司应按照有关规定,建立独立的外部董事制度。独立董事应独立于所受聘的公司及其主要股东。独立董事不得在上市公司担任除独立董事外的其他任何职务,并与其所受聘的上市公司及其主要股东不存在可能妨碍其进行独立客观判断的关系。独立董事应独立履行职责,不受公司主要股东、实际控制人以及其他与上市公司存在利害关系单位或个人的影响。

1.独立董事任职应具备基本条件

(1)根据法律行政法规及其他有关规定具备担任上市公司董事的资格。

（2）具有独立性。

（3）具备上市公司运作的基本知识，熟悉相关法律，行政法规、规章及规则。

（4）具有五年以上法律、经济或其他履行独立董事职责所必需的工作经验。

（5）公司章程规定的其他条件。

2. 独立董事的职权

独立董事除应当具有公司法和其他相关法律、法规赋予的职权外，还应当由上市公司赋予以下特别职权：

（1）重大关联交易判断认可后，提交董事会讨论。

（2）向董事会提议聘用或解聘会计师事务所。

（3）向董事会提请召开临时股东（大）会。

（4）提议召开董事会。

（5）独立聘请外部审计机构和咨询机构。

（6）可在股东（大）会召开前公开向股东征集投票权。

独立董事行使上述职权应当取得全体独立董事的 1/2 以上同意。

3. 重大事项的处理意见

独立董事除履行上述职责外还应对公司的重大事项向董事会发表独立意见：

（1）提名、任免董事。

（2）聘任或解聘高级管理人员。

（3）公司董事、高级管理人员的薪酬。

（4）上市公司的股东、实际控制人及关联事业单位对上市公司重大资金往来事项。

（5）独立董事认为可能损害中小股东权益的事项。

（6）公司章程规定的其他事项。

独立董事应当就上述事项以"同意，保留意见及其理由，反对意见及其理由，无法发表意见及其障碍"形式之一发表意见。

事业单位应通过编制内部管理手册，使全体员工掌握内部机构设置、岗位职责、业务流程等情况，明确权责分配，以正确行使职权。

三、内部审计

内部审计是在组织内部建立的一种独立评价活动，并对该组织的活动进行审查和评价。它通过审查和评价经营活动及内部控制的真实性、合法性和有效性来促使组织目标的实现。内部审计的主要目的是评价组织控制，以确保揭露组织潜在的风险和经济、高效地达成组织的目标和目的。

事业单位应当加强内部审计工作，保证内部审计机构设置、人员配备和工作的独立性。

《规范》对内部审计的原则要求是：

（1）事业单位应当在董事会下设立审计委员会，并加强内部审计工作，保证内部审计机构设置、人员配备和工作的独立性，内部审计机构应当结合内部审计监督，对内部控制的有效性进行监督检查。

（2）审计委员会负责人应当具备相应的独立性、良好的职业操守和专业胜任能力。

（3）内部审计机构对监督检查中发现的内部控制缺陷，应当按照事业单位内部审计工作程序进行报告；对发现的重大缺陷，有权直接向董事会及其审计委员会、监事会报告。

四、人力资源政策

在市场竞争日趋激烈的情况下，人是事业单位最重要的资源，事业单位之间竞争的关键是人才的竞争。事业单位要实现以人为本，充分调动人的积极性求得持续发展，就要有一个正确的人力资源政策，包括岗位职责设置、人力资源计划、招聘、培训、离职、考核、薪酬等一系列有关人事的事项和程序，旨在通过有形的、具体的制度和措施，影响并约束职工的行为方式。事业单位应当制定和实施有利于可持续发展的人力资源政策。

（一）人力资源政策的内容

（1）员工的聘用、培训、辞退与辞职。
（2）员工的薪酬、考核、晋升与奖惩。
（3）关键岗位员工的强制休假和定期岗位轮换制度。
（4）掌握国家秘密或重要商业秘密的员工离岗的限制性规定。
（5）有关人力资源管理的其他政策。

（二）人力资源考评内容与方法

事业单位应当制定科学合理的人力资源考评制度，对员工履行职责、完成任务的情况实施全面、公正、准确的考核，客观评价员工的工作表现、引导员工实现经营目标。考核评价内容应该涵盖员工个人素质、工作态度、工作能力、专业知识、工作潜力以及适应性评价等。

（三）人力资源薪酬及激励政策

事业单位的薪酬及激励政策的合理性，对吸引人才、留住人才、激励人才、满足组织需要、促进经营目标的实现等方面有十分重要的作用。事业单位应当规范薪酬发放标准和程序，建立和完善针对各层级员工的激励约束机制，促进员工责、权、利有机统一和事业单位内部控制的有效执行。薪酬制度设计应坚持按劳分配原则、激励适度原则、互促互进原则。对职工提供福利保障及素质开发培训，提高事业单位核心竞争力、注重塑造独特事业单位文化。

五、事业单位文化

事业单位应当加强文化建设,培育积极向上的价值观和社会责任感,倡导诚实守信、爱岗敬业、开拓创新和团队协作精神,树立现代管理理念,强化风险意识。

(一)事业单位文化内涵

事业单位文化是事业单位适应外部环境和社会存在的一种形态。事业单位文化是事业单位的灵魂,是推动事业单位发展的不竭动力。事业单位文化也是事业单位的美德,具有鲜明的事业单位特色。杰出而成功的事业单位都具有强有力的事业单位文化,并用各种各样的方式宣传、强化事业单位的价值观念。事业单位文化渗透于事业单位的一切活动之中,对事业单位产生极大的影响,也是内部控制制度得以顺利实施的基础。

董事、监事、经理及其他高级管理人员应当在事业单位文化建设中发挥主导作用。

(二)事业单位价值观

价值观是关于价值的观念,是客观的价值体系在人们主观意识中的反映,是价值主体对自身需要的理解,以及对价值客观的意义和重要性看法的根本观点。

事业单位价值观的确立,对其已有文化的其他要素具有决定性作用,而其他要素如制度规范、习俗仪式等,都是在一定价值观的基础上建立和形成的。正确的事业单位价值观,会为事业单位的生存和发展提供基本的方向和行动指南,为员工行为准则奠定基础。在正确价值观的指导下,事业单位的经营活动才有可能取得成功。因此,事业单位要想在市场竞争中立足于不败之地,取得卓越成效,就必须确立正确的事业单位价值观,并号召全体员工自觉推崇和尊重自己事业单位的价值观。如果一个事业单位缺乏明确价值准则或价值观念不正确,那么现有的经营和未来的发展必然受挫。

事业单位价值观作为事业单位文化的核心部分,其形成需要观念的判断、选择,还需要不断维护、培育、传播及强化。

(三)社会责任感

在现代社会中,事业单位已经成为多种社会利益的交汇点,直接影响着社会的稳定、和谐与发展。事业单位不能只谋取自身利益,还要考虑社会各方面利益,如投资者、消费者、员工、供应商、经销商以及环境保护、空气污染、社会就业等,还要满足政府机关、社区、媒体及相关社会团体的需要。这就是事业单位承担的社会责任。所以事业单位在实现经济效益的同时,应注重社会效益并争取收到良好的社会效益。只有这样事业单位才能在竞争中求生存、谋发展。否则将会受到社会的谴责,严重者会受到法律的惩治。

(四)高级管理者的职业操守和员工的行为准则

保持良好的职业操守和品行不仅是高级管理人员应具备的最重要条件,也是对其任职的首要要求。高级管理人员应当恪守以诚实守信为核心的职业操守,不得损害投资者、债权人、客户、员工和社会公众的利益。事业单位高级管理人员有责任加强职工职业道德宣传引导、教育培训和监督检查,为建立和实施内部控制营造良好的氛围和环境。

事业单位员工行为准则一般包括日常行为规范、考勤制度、工资制度、奖惩制度、着装规定、合同管理规定、印章管理规定、网络使用规定等方面内容。事业单位员工应当遵守员工行为守则,加强职业道德修养和业务学习,自觉遵守公司各项制度以及与事业单位内部控制有关的各项规定,勤勉尽责。

六、法制观念

在社会主义市场经济条件下,遵纪守法、依法经营是事业单位的生存发展之道。

事业单位应当加强法制教育,增强董事、监事、经理及其他高级管理人员和员工的法制观念,严格依法决策、依法办事、依法监督,建立健全法律顾问制度和重大法律纠纷案件备案制度。

(一)事业单位法律顾问制度

事业单位法律顾问制度是与事业单位制度同时诞生的,是事业单位制度的重要组成部分。它对维护事业单位的合法权益,促进事业单位依法经营管理,加强内部监督和风险控制都有重要意义。事业单位应完善事业单位法律顾问制度,健全法律监督机制,促进依法决策,依法经营,依法办事。

法律顾问包括事业单位法律顾问和事业单位总法律顾问。前者是指取得事业单位法律顾问执业资格,由事业单位聘任,专门从事事业单位法律事务工作的事业单位内部专业人员。后者是指具有事业单位法律顾问执业资格,由事业单位聘任全面负责事业单位法律事务工作的高级管理人员。

法律顾问制度作用有:捍卫事业单位的合法权益、参谋事业单位的重大决策、贯彻执行法律和政策、商务合同的起草、谈判和签署、参与支持经营目标的实施、协调业绩与风险的关系、仲裁内部争议和纠纷、维护事业单位的内部制度,指导审计部门工作。可见事业单位法律顾问制度在公司治理和内部控制中具有重要的意义。

事业单位应健全法律顾问责任制度,事业单位总法律顾问对事业单位法律事务工作全面负责,参与事业单位重大经营决策、对事业单位法定代表人或总经理负责,全面领导和处理事业单位的法律事务工作,保证事业单位决策的合法性。事业单位的重大事项决策之前,应当由事业单位法律顾问和法律事务机构出具相应的法律意见,保证事业单位依法决策。事业单位总法律顾问的任职实行备案制度。

(二)重大法律纠纷案件备案制度

事业单位应依据《中央事业单位重大法律纠纷案件管理暂行办法》,并结合事业单位的具体情况,制定重大法律纠纷案件备案制度。

1.重大法律纠纷案件的界定

具有下列情形之一的诉讼、仲裁或者可能引起诉讼、仲裁的案件界定为重大法律纠纷案件：

（1）涉案金额超过5000万元人民币的。

（2）事业单位作为诉讼当事人且一审由高级人民法院受理的。

（3）可能引发群体性诉讼或者系列诉讼的。

（4）其他涉及出资人和事业单位的重大权益或者具有国内外重大影响的。

另外，除上述案件外事业单位还可根据涉外案件、金融债券债务诉讼、知识产权纠纷、劳资纠纷、涉及事业单位改制和上市公司规范运作等案件，进一步修订落实重大法律纠纷案件的备案制度。

2.事业单位应加强对重大法律纠纷案件的管理

建立健全有关规章制度和有效防范法律风险的机制，事业单位法律顾问应当依法履行职责，对事业单位经营管理相关的法律风险提出防范意见，减少或者避免重大法律纠纷案件的发生。事业单位负责人应当重视事业单位法律顾问提出的有关防范法律风险的意见，及时采取措施防范和消除法律风险。

第三节　风险评估及风险应对

风险评估，是指事业单位运用风险管理的理论与方法对经营过程中的风险进行识别、分析、评价及应对过程，为实现经营目标提供保障。

《规范》指出：事业单位应当根据设定的控制目标，全面、系统、持续地收集相关信息，结合实际情况，及时进行风险评估。

事业单位开展风险评估，应当准确识别与实现控制目标相关的内部风险和外部风险，确定相应的风险承受度。

风险承受度是事业单位能够承担的风险限度，包括整体风险承受能力和业务层面的可接受风险水平。

国内外的内部控制对风险评估的定义、要素和内容等尚不一致，归纳起来有以下几种情况：①风险评估就是风险管理，包括风险管理的全过程。②风险评估是全面风险管理的一个步骤，包括内容有多有少。③《规范》的风险评估要素，包括风险识别、风险分析和风险应对策略。④ISO31000:2009标准《风险管理——原则与指南》的风险评估要素有风险识别、风险分析与风险评价。⑤《上海证券交易所上市公司内部控制指引》把风险评估、风险确认和风险管理策略选择并列为独立的要素。本书从管理角度出发，根据《规范》内容、参照"标准"，将风险评估分为"风险管理的基本概念、风险管理流程、风险评估及风险应对"进行论述，将风险评估分为风险识别、风险分析与风险评价。

一、风险管理的基本概念

（一）风险含义及构成要素

1. 什么是风险

"标准"将"风险"定义为"不确定性对目标的影响"。它由下列内容构成：

（1）不确定性。"不确定性"是指对事件、影响后果及发生可能性的相关信息与认识的完整性的缺乏，是"确定"的对立面。它有多种含义：一是指未来事件是否发生具有不确定性，可能发生，也可能不发生；二是指影响结果的不确定性，可能好、可能坏，可能多、可能少；三是指偏差，即偏离预定目标的现象，其偏离可能是正面的、也可能是负面的。总之，未来的一切都具有不确定性，但是"不确定性 ≠ 风险"，风险肯定是有的，不过它具有不确定性。

（2）目标。目标是指风险主体未来要达到的境界或标准。目标有多种多样，如利润目标、安全目标、环境目标等，并应用于不同层次（如战略、项目、产品和过程等）和不同方面（如财务、生产、市场环境等）。未来目标的实现时刻受到风险的影响，其影响具有二重性：一类风险可能对目标形成正面影响，称为"正面的风险"，也称"机会"；另一类风险可能对目标形成负面影响，称为"负面的风险"，也称"威胁"。实践中还可能出现既无损也无益，这实质上是一种尚未形成风险事件的潜在风险因素。

（3）事件。事件是指在特定条件下发生的可能对目标产生影响的事项，也称"风险事件"。影响目标的事件可能是单一的，也可能是系列的。事件对目标的影响可能是正面的，也可能是负面的；对于在给定时间内，事件能否发生，发生的可能性有多大？具体指标可以用定量／半定量或定性来表示，或很可能发生等。通常运用概率（％）表示发生可能性程度，其范围是 0~100%。

（4）后果。后果是指事件发生后影响目标的结果，后果对目标的影响可能是有益的，也可能是无益的；可能是单一的也可能是多项的；可能是直接的，也可能是间接的。通过连锁效应可能使最初的后果升级。在进行风险评估时，影响后果可以用定量、定性或半定性表示。

2. 风险形成过程

"风险"是由目标、不确定性事件及影响后果构成的，它们之间关系及风险的形成过程。

（二）风险计量

"风险"通常用事件影响后果（包括情形的变化）和事件发生可能性结合来表示。

（三）风险特征

风险与其他事物相比具有以下特征：

（1）普遍性。在实现目标过程中，风险时时有、事事有、处处在。

（2）两重性。可能为事业单位创造价值；也可能有威胁，给事业单位造成危害。

（3）不确定性。风险事件可能有、也可能无，可能大、也可能小，可能好、也可能坏。

（4）可变性。风险随条件、时间、地点等不同随时会发生变化。

（5）可知性。风险具有可知性，但不同的人对同一风险可能有不同看法。因此会采取不同的应对态度。

认识风险特征的目的是，趋利避害，改变风险性质，促进预期目标实现。

（四）风险准则

风险准则（也称风险评价标准）是评价风险重要性的参照依据，它是根据事业单位目标、环境以及标准、法律、政策和其他要求而确定。它是事业单位评价风险影响多少、发生可能性大小，风险影响程度的标准尺度，从而为风险排序及应对提供决策参考。风险管理评价标准可以是定性的、半定量、定量及它们的组合。定性方法是直接用文字描述风险发生可能性的高／低及风险对目标的影响程度，如"高""中""低"。定量方法是对风险发生可能性高低、风险对目标的影响程度，用具有实际意义的数量描述。如对风险发生可能性的高低用百分数表示，对目标影响程度用金额来表示。通常，将风险的影响后果及发生的可能性定义为"5级"制，1~5级，级别越高，发生概率越高，对目标影响也越大。

二、风险管理流程

（一）风险管理含义及框架

1.什么是风险管理

风险管理是指一个组织针对风险所采取的指挥和控制的协调活动。国际标准化组织（ISO）对"管理"一直认为是"协调的活动"。可见"风险管理"是事业单位对"不确定性对目标的影响"所实施的指挥和控制的一系列协调活动。这一活动贯穿于实现目标过程的始终，目的是改变风险性质和较好地实现预定的目标。

2.风险管理框架

风险管理框架是组织内为设计、实施、监测、评审和持续改进风险管理提供基础和安排的一组构成。其中，基础包括方针、目标、对管理风险的授权与承诺；组织安排包括计划、相互关系、责任、资源、过程和活动。

（二）风险管理过程

风险管理过程（也称流程），ISO"标准"将其定义为"将管理政策、程序和操作方法系统地应用于沟通、咨询、建立环境以及识别、分析、评价、应对、监测与评审风险的活动中"。它是由一系列环节构成的，事业单位可根据自身状况设定管理流程。

设定风险管理过程应关注下列五点：

1. 建立环境

风险管理过程是一个循环过程，直接参与循环过程的要素有：建立环境—风险评估—风险应对—监测与评审—沟通与咨询。建立环境是风险管理过程之始。既然是过程就要考虑过程之间的输入与输出关系，才能使过程良性循环。

环境是事业单位的生存发展基础，建立一个科学、系统、完整的良好环境并设定科学的目标，收集与环境相关的信息资料，从而为风险评估输出可靠信息创造条件。

2. 风险评估

风险评估由"风险识别、风险分析与风险评价"三个子过程构成。风险评估是在建立环境、设定目标、收集资料的基础上进行风险识别、实施风险分析与评价并确定风险等级进行风险排序，为风险应对提供依据。它是风险管理过程的重要内容。

3. 风险应对

风险应对是在"风险排序"的基础上，根据轻重缓急及事业单位控制资源条件，拟定应对风险策略，并编制风险控制库，实施风险控制，它是流程的关键环节。

4. 监测与评审

ISO"标准"将"监测"定义为"持续地检查、监控、密切观察和确认风险状态，以识别与要求（或期望的）绩效水平的偏离"，从而发现背离目标潜在风险。"评审"定义为"为实现既定目标而进行的决定某一事项的适宜性、充分性和有效性的活动"。这两项活动贯穿于风险管理全过程，是对建立环境、风险评估、风险应对所进行的监测与评审。监测与评审是实施风险管理过程的有效保证。

5. 沟通与咨询

ISO 将其定义为："组织管理风险时，提供信息、共享信息、获取信息以及与利益相关方面展开对话的持续、往复的过程。"信息涉及风险的存在、性质与评估，风险发生可能性及其影响，以及风险应对策略的选择、资源的配置等，是风险管理过程必要条件。

以上五项因素构成了风险管理不断循环往复的过程。

（三）建立环境

实施风险评估首先需要明确事业单位所处内外部环境，然后结合事业单位的实际情况设定经营目标，最后进行信息收集。这些基础工作质量如何直接影响到风险评估的结果及风险应对策略的制定和风险效果的评价。

1. 建立环境

世上任何事物都是在一定环境下生存与发展，脱离了环境既不能生存也不能发展，事业单位也是如此。事业单位为了求得生存与发展，应对面临风险，首先要明确所处环境，才能正确规划事业单位战略，赢得未来。在环境方面至少应关注以下四个方面：

（1）建立外部环境。包括自然环境、竞争环境、市场状况、经济发展、社会、文化、政治、金融、科学技术,以及与事业单位目标有影响的关键动因及发展趋势等。

（2）建立内部环境。包括公司治理、组织结构、角色和责任;事业单位的方针、目标及实现目标的战略;事业单位控制资源及技术能力、对资源和知识的理解,产品市场状况;与事业单位利益相关方的关系,他们的感知和价值观、合同的关系和种类;事业单位所采用的标准、指南和参考模型;事业单位的信息系统、信息流和决策过程等。

（3）建立风险管理过程的环境。包括确定风险管理活动的目的和目标;在风险管理过程中的职责与权限;风险管理活动的范围、深度和广度,包括特殊情况下的内涵和外延;按照时间和地点确定活动、过程、职能、项目、产品、服务或资产;确定组织的特殊项目、过程以及过程和活动的关系;确定风险等级标准、风险识别与风险评估方法、绩效考核等。

（4）建立风险评价标准。包括风险发生的可能性及其后果确定、风险可接受或可容忍等级、可能出现的重大风险,准备采用应对措施,是否需要组合多个应对风险的方式,采用哪些组合方式等。

2. 设定目标

事业单位的经营活动是在一定时期内为达到一定目标的有组织的活动。目标是事业单位生存发展的五要素之首,管理就要有目标。目标既是经营管理要达到的成果,也是衡量经营管理业绩和实施奖惩的基础。目标设定是风险管理的前提条件,也是衡量风险管控成效的尺度,是在明确环境的基础上制定的。

（1）事业单位目标的构成。事业单位的目标包括整体目标和具体目标。整体目标是由事业单位经营理念、价值取向和经营战略所决定的,如经营目标有营业收入、每股收益、市场占有率、安全生产等。财务目标有销售收入、成本费用、净利润、现金流量等。遵循目标有遵纪守法、依法纳税等。具体目标是单位和岗位工作要求达到的目标和标准。具体目标要细化,细化到可以衡量、可以明确判断的程度。具体目标与事业单位的技术标准、管理标准及定额标准往往互相融合,相互联系。事业单位在内部控制时用到更多的是具体目标。

（2）确定指标与标准。目标通常由指标、标准及承受度构成。目标设定可按不同管理层次分级设定,如公司层面、部门层面、车间层面、班组层面;也可按业务流程及重要性程度设定,并形成相互联系的目标体系。

（3）目标要合理有效且与时俱进。目标设定对实施风险管理至关重要。首先,它为实施风险控制设定了标准;其次,它为分配事业单位资源提供了依据;最后,它是评价功过实施奖惩的准绳。因此,设定目标必须做到:一要合理有效。符合事业单位的实际情况和发展规划,做到战略目标、整体目标、具体目标和事业单位的风险容限相一致。二要明确具体。将事业单位的目标分解落实,形成各职能部门和各业务活动的具体目标,使员工们看得见、摸得着,随时可测评风险发生的可能性。三要与时俱进。目标应反映内外环境及事业单位经营活动现实状况,并随着环境和条件的变化不断修订和完善控制目标,使目标起到促进作用。

3.收集资料

《规范》指出:事业单位应根据设定的控制目标,全面系统持续地收集相关信息,结合实际情况,及时进行风险评估。

防范和规避风险威胁产生,首要任务是识别风险,"没想到"和"没想对"是最大的风险。要识别风险首先要收集风险信息,根据《中央事业单位全面风险管理指引》要求,事业单位应广泛深入持久地收集影响事业单位经营目标实现的各种有利因素与不利因素。包括内部与外部,历史的、现时的及未来预测的,并将收集的职责分工落实到有关职能部门及业务单位,并发动广大员工参与。

(1)在战略方面应收集风险信息。事业单位应广泛收集国内外事业单位战略风险失控导致事业单位蒙受损失的案例,并至少收集与本事业单位相关的以下重要信息:

①国内外宏观经济政策以及经济运行情况、本行业状况、国家产业政策。

②科技进步、技术创新的有关内容。

③市场对本事业单位产品或服务的需求。

④与事业单位战略合作伙伴的关系,未来寻求战略合作伙伴的可能性。

⑤本事业单位主要客户、供应商及竞争对手的有关情况。

⑥与主要竞争对手相比,本事业单位实力与差距。

⑦本事业单位发展战略和规划、投融资计划、年度经营目标、经营战略以及制定这些战略、规划、计划、目标的有关依据。

⑧本事业单位对外投融资流程中曾发生或易发生错误的业务流程或环节。

(2)在财务方面应收集风险信息。事业单位应广泛收集国内外事业单位财务风险失控导致危机的案例,并至少收集本事业单位的以下重要信息(其中有行业平均指标或先进指标的,也应尽可能收集):

①负债、负债率、偿债能力。

②现金流、应收账款及其占销售收入的比重、资金周转率。

③产品存货及其占销售成本的比重、应付账款及其占购货额的比重。

④制造成本和管理费用、财务费用、营业费用。

⑤盈利能力。

⑥成本核算、资金结算和现金管理业务中曾发生或易发生错误的业务流程或环节。

⑦与本事业单位相关的行业会计政策、会计估算、与国际会计制度的差异与调节(如退休金、递延税项)等信息。

(3)在市场方面应收集风险信息。事业单位应广泛收集国内外事业单位忽视的市场风险,缺乏应对措施导致事业单位蒙受损失的案例,并至少收集与本事业单位相关的以下重要信息:

①产品或服务的价格及供需变化。

②能源、原材料、配件等物资供应的充足性、稳定性和价格变化。

③主要客户、主要供应商的信用情况。

④税收政策和利率、汇率、股票价格指数的变化。

⑤潜在竞争者、竞争者及其主要产品、替代品情况。

（4）在运营方面应收集风险信息。事业单位应广泛了解产品运营等状况，并至少收集与事业单位相关的下列重要信息：

①产品结构、新产品研发。

②新市场开发，市场营销策略，包括产品或服务定价与销售渠道，市场营销环境状况等。

③事业单位组织效能、管理现状、事业单位文化，高、中层管理人员和重要业务流程专业人员的知识结构、专业经验。

④期货等衍生产品业务中曾发生或易发生失误的流程和环节。

⑤质量、安全、环保、信息安全等管理中发生或易发生失误的业务流程或环节。

⑥因事业单位内、外部人员的道德风险致使事业单位遭受损失或业务控制系统失灵。

⑦给事业单位造成损失的自然灾害以及除上述有关情形之外的其他纯粹的风险。

⑧对现有业务流程和信息系统操作运行情况的监管、运行评价及持续改进能力。

⑨事业单位风险管理的现状和能力。

（5）在法律方面应收集风险信息。事业单位应广泛收集国内外事业单位忽视法律法规风险、缺乏应对措施导致事业单位蒙受损失的案例，并至少收集与本事业单位相关的以下信息：

①国内外与本事业单位相关的政治、法律环境。

②影响事业单位的新法律法规和政策。

③员工道德操守的遵从性。

④本事业单位签订的重大协议和有关贸易合同。

⑤本事业单位发生重大法律纠纷案件的情况。

⑥事业单位和竞争对手的知识产权情况。

事业单位对收集的初始信息应进行必要的筛选、提炼、对比、分类、组合，以便进行风险评估。

三、风险评估

风险评估是一个过程，包括风险识别、风险分析和风险评价。

《规范》指出：事业单位开展风险评估，应当准确识别与事项控制目标相关的内部风险和外部风险，确定相应的风险承受度。

风险评估有助于决策者对风险及其发生原因、后果和发生的可能性有更充分的理

解,为以下决策提供信息:

(1)是否应该开展某些活动。

(2)如何充分利用时机。

(3)是否需要应对风险。

(4)选择不同风险的应对策略。

(5)确定风险应对策略的先后次序。

(6)选择最适合的风险应对策略,将风险的不利影响控制在可接受的水平。

(一)风险识别

1.风险识别的含义

风险识别是发现、辨认和描述潜在风险事件的过程。风险识别是运用有关的知识和方法,对尚未发生的、潜在的各种风险因素,系统、全面和连续地进行的辨识、收集与归类,并分析产生风险事故的原因、条件和过程,为风险应对提供依据。从管理角度讲,风险识别就是发现偏差,要及时地发现和识别偏离控制目标的各种偏差,这些偏差的存在将影响生产经营活动的正常运行,影响经营目标的实现,事业单位控制的对象就是这些背离控制目标的偏差。但是要使事业单位的经营活动完全按预先设定目标运行也是不现实的,因此需要确定相应的风险承受度。也就是事业单位能够承受的风险限度,即偏离目标的程度,包括整体风险承受度和业务层面的可接受风险水平。

2.风险识别过程

风险识别是通过识别风险源、影响范围、事件及其产生原因和潜在的影响后果等,生成一个全面的风险清单。识别风险不仅要考虑有关事件可能带来的损失,也要考虑其中隐含的机会。风险识别时应关注以下三点:

(1)进行风险识别要掌握相关的和最新的信息,必要时,需包括使用的背景信息。除了识别可能发生的风险事件外,还要考虑其可能引发的原因和可能导致的后果,包括所有重要的原因和后果。

(2)不论风险事件的风险源是否在组织控制之下,或其原因是否已知,都应对其进行识别。此外,要关注已经发生的风险事件,特别是新近发生的风险事件。

(3)识别风险需要所有相关人员的参与。所采用的风险识别工具和技术应当适合其目标、能力及其所处环境。

3.风险识别方法

识别风险的技术方法有多种,按其性质可分为四类:

基于证据的方法。如检查表法以及对历史数据的审查。

系统性的团队方法。如一个专家团队可以借助一套结构化的提示或问题,来系统地识别风险。

归纳推理技术。如危险与操作性分析等。

事业单位可利用各种支持性的技术来提高风险识别工作的准确性和完整性,包括头脑风暴法及德尔菲法等。详见《全面风险管理实务》。现介绍几种:

(1)风险清单识别法。它是由一些专业人员事先设计好风险事项及标准的表格或者问卷,全面列示事业单位可能面临的各种风险,试图将所有可能发生的风险因素都包括在其中,使用者对照清单的每一项。回答:"我们公司也面对这样的风险吗?"通过回答这些问题,风险管理者可编制出本公司面临的风险清单。并分析风险因素发生的概率和损失程度。其优点是经济方便、适合新公司或初次构建风险管理制度、缺乏专业风险管理人员的公司使用,帮助他们较快地识别出最基本的风险,从而采取应对策略,以减少发生重要风险的可能性。但也存在针对性差,不涉及特殊性、投机性风险的局限性。

(2)现场调查识别法。它是对事业单位面临的风险进行一次全面检查,并列出风险发生的概率及损失程度。

其不足是时间长、成本高,有时会引起员工不满。实施步骤:一是事前准备,包括表格、时间及对象;二是做好现场记录,列清影响因素、产生的原因;三是结果整理及反馈。

(3)流程图识别法。首先根据与生产经营过程的内在逻辑关系制作作业流程图,然后对其中的重要环节和薄弱之处进行调查和分析,并确定控制点,从而防范潜在风险的方法。其程序是:首先,确定流程对象;其次,设计流程图,揭示风险控制关键点;最后,分析事故产生的动因,预测发生的可能性及造成的损失额。流程图法有助于识别经营中面临的风险,可以将复杂烦琐的过程和业务简单化,从而发现潜在风险因素,做到有的放矢。缺点是费时费力,且不能定量分析风险发生的频率等。

(4)财务报表识别法。它是根据资产负债表、利润表、现金流量表等资料,运用专门方法,通过相关指标不同时期的数据对比,分析识别潜在风险因素的方法。虽然财务报表反映的是过去的经营信息,但它有很多能反映事业单位面临风险的重要信息。它的优点是信息客观、准确、清晰、全面,而且容易被外部人员接受,且具有较强的说服力。缺点是专业性强,要求有一定的会计知识。

(5)事故树识别法。它是利用树状图、运用各种时间、事项等符号和逻辑门,来表示可能事件的一种图像。其顶端是可能的结果,下部是结果的原因分解。它把影响整体目标实现的主要因素以及因果关系清晰地表示出来,效果非常直观,有利于深入分析风险产生动因,从而拟定有效的应对策略。

事业单位在进行风险识别时,可以采取座谈讨论、问卷调查、案例分析、咨询专业机构意见等方法识别相关的风险因素,特别应注意总结、吸取事业单位过去的经验教训和同行业的经验教训,加强对高危性、多发性风险因素的关注。

4. 识别重要风险因素

虽然风险时时有处处在,但它们对经营目标的影响并不相同,因此应当更明确地识别与控制目标相关的内部风险和外部风险,并确定相应的风险承受度。

(1)应当关注事业单位的内部风险因素。内因和外因相比,内因是决定因素,因此,在风险识别中必须关注事业单位内部的风险因素,及时发现问题、抓住苗头,为抑制与防范风险危害提供有效信息,应当关注内部风险因素的征兆。

▲董事、监事、经理及其他高级管理人员的职业操守、员工专业胜任能力等人力资源因素。在事业单位经营管理中人的因素第一,风险控制首先要解决人的问题,特别是事业单位高层管理及高科技人员的操守及胜任能力。

▲组织机构、经营方式、资产管理、业务流程等管理因素。这些领域潜在大量风险,而且直接影响事业单位目标的实现,必须关注其动向,寻找潜在风险。

▲研究开发、技术投入、信息技术运用等自主创新因素。自主创新是事业单位生存发展的基础,及时有效识别与防范风险因素,可有效提高事业单位竞争力。

▲财务状况、经营成果、现金流量等财务因素。资产负债表反映了事业单位的财务状况,利润表反映了事业单位的经营成果,现金流量表反映了事业单位在一定会计期间现金流入和流出的情况。通过财务报表不仅能了解事业单位的现时状况,也能发现潜在风险因素。而且这些风险有些是致命的,关系到事业单位的生存与发展。

▲营运安全、员工健康、环境保护等安全环保因素。这些因素对事业单位生存和发展至关重要。运营中出现人员伤亡、产品质量低劣、造成环境污染等将受到政府惩罚,严重者获刑。三鹿奶粉、齐二药假药、松花江污染等事件,说明事业单位必须重视安全环保风险因素的识别与控制。

(2)应当关注事业单位的外部风险因素。外部环境是事业单位生存发展的基础,适者生存逆者亡是市场经济的规律。因此必须关注外部风险对事业单位的影响。应关注的有:

▲经济形势、产业政策、市场竞争、资源供给等经济因素。事业单位要生存发展就必须了解经济发展状况、领会产业及技术政策、把握事业单位的发展方向及资源供求情况、驾驭市场变化趋势。分析事业单位的不足,找出存在的风险及应对措施。

▲法律法规、监管要求等法律因素。法律规定了事业单位经营行为的底线,违者就要受到惩罚,是必须遵守的行为准则。法律监督是对事业单位执行法规、实施政策的监督。知法、守法是事业单位正常经营的必由之路,否则将会受到惩罚。故对这些法律因素风险,管理当局必须引以为重,采取有效措施加以防范。

▲安全稳定、文化传统、社会信用、教育水平、消费者行为等社会因素。社会因素包罗万象,在风险识别过程中应关注对事业单位有重大影响的因素。如安全稳定、社会稳定、环境和谐,事业单位才有条件进行生产经营活动。还有事业单位生产必须适应消费者习惯,产品和服务才有市场,事业单位才能持续经营。

▲技术进步、工艺改进等科学技术因素。科学技术是生产力发展和经济增长的第一要素,具有先导作用。但它也具有两面性,既可以造福人类,也会带来危害地球生命和人类社会的"全球问题",事业单位在经营中既要关注和利用有利因素,也要关注和防范不利的因素及其潜在的风险。

▲自然灾害、环境状况等自然环境因素。自然灾害是自然界发生的异常现象给人类带来的伤害。如地震、干旱、海啸、洪水等,它严重影响事业单位的生存和发展,必须关注它的变化及带来的风险因素,才能采取有效的应对措施。

事业单位内部控制更多的是关注内部风险因素造成的影响,外部因素对事业单位的影响主要是促使事业单位调整经营战略的整体性目标。通过整体目标的调整引导事业单位内部变动,来应对外部的变化。内部控制是在整体目标确定后,围绕总目标来控制事业单位内部的经营和财务,保证整体经营目标,以及由整体目标决定的各个具体目标的实现。

(3)应关注事业单位风险承受度。风险承受度也称为风险容限,是指事业单位能够承受的风险限度,包括整体风险承受能力和业务层面的可接受风险水平。

(二)风险分析

《规范》第二十四条指出:事业单位应当采用定性与定量相结合的方法,按照风险发生的可能性及其影响程度等,对识别的风险进行分析和排序,确定关注重点和优先控制的风险。

(1)风险分析的含义。风险分析是理解风险特性(P、C)和确定风险等级过程,也是对识别出来的风险因素分析其形成风险事件原因、风险产生根源、风险事件的积极或消极的后果,影响后果及可能性的因素等进行估计。一个事件可以有多个后果,也可能会影响多个目标,还要考虑现行的管理措施及其效率和效果。

风险分析可以是定性、半定量或定量,或它们的组合,应视情况而定。根据分析的结果、参照整体风险承受能力和业务层面的可接受风险水平,进行风险排序,确定需要及时处理的重点和优先控制的风险。

(2)分析风险形成原因及源头。世界上没有无源之水。同样,各种风险的产生必有引发风险的动因及源头。找到了动因及源头,弄清产生的后果,采取有针对性的应对措施,就可能抑制或延缓风险。

(4)分析风险发生的可能性、频率及影响程度。分析风险发生的可能性及频率是通过实际情况的收集和利用专业判断来完成的。科学的方法是使用数理统计原理,遵循"大数法则"。在有足够多的风险单位时,实际损失结果与预计损失结果的误差将很小。分析可以是定性、半定量或定量,或它们的组合,应视情况而定。

(三)风险评价

1.风险评价的含义

风险评价是在风险分析的基础上,根据估测的风险后果和可能性与确定的风险准则对比后确定风险等级,并决定是否可接受或可容忍的过程。对识别的风险进行评价排序,确定应关注的重点和优先控制的风险,为制定风险应对策略提供依据。

2. 风险评价方法

（1）风险度评价法。风险度也称风险完成度或风险指数，实际是事业单位战略或经营目标的预计完成程度。通常做法是在评价测试前设定不同级别的风险度水平，然后将特定数值与基准数值相比较，根据差异度作为判断风险大小及预警的依据。风险预警指数计算公式如下：

风险度（预警指数）=（指标估测完成值 - 该指标目标值）+ 该指标目标值

【案例】某公司产品出口欧洲，全年目标为 10 万台，到 9 月末实际完成 6 万台，预估 4 季度可能完成 2.4 万台，假定该公司预警临界值标准为 15%。则该指标风险度为：

出口产品风险度 =（8.4 万台 -10 万台)+10 万台 =-0.16（16%）(已进入预警临界值)

风险度的计算对风险管理有重要的指导意义：一是可以在众多影响因素中找出重要部分进行重点管理；二是有利于提高风险管理的效果和效率。

风险度的计算有单项指标计算和综合指标计算两种方法。单项指标计算法是指单独计算某一项风险因素指标的现状，并与该指标基数（目标值）进行比较，分析差异程度及产生的原因，并分析该差异对整体目标影响的程度。

综合指标计算法，它是对特定风险按风险因素及判定的影响程度，分若干子系统，并分配相应的权数，科学地设定风险的综合基准风险级别，将测试数值与基准数值比较，根据差异程度，作为风险预警依据。

四、风险应对

《规范》指出：事业单位应当根据风险分析结果，结合风险承受度，权衡风险与收益，确定风险应对策略。

经风险分析确定重要风险后，应进一步研究应对风险的策略与方法，以防范和抑制风险，减少风险损失。

（一）事业单位选择风险对策应考虑内容

（1）考虑应对方案的可行性及影响后果。即选择的风险应对方案应根据风险分析的结果，具有针对性及可行性，并考虑应对方案产生的后果。要明确不同的应对方案会产生不同的效果。同时还要考虑过去的事项和趋势，以及潜在的未来情境。

（2）选择风险应对策略时要考虑事业单位的风险承受度，不能选择那些事业单位承受不了的策略。所考虑的内容不仅是降低已识别出来的风险，也要考虑给主体带来的新机遇。

（3）选择风险应对策略要权衡成本与收益。因为任何应对风险策略都需要付出一定代价，事业单位的资源是有限的；要充分考虑方案所需的直接成本及计量的间接成本。一些事业单位还将与使用资源相关的机会成本也考虑在内，其效益通常涉及更多的是主观评价。从而权衡两者之间的关系，决定采用何种应对策略方案。

（二）风险应对考虑重点

《规范》指出：事业单位应当合理分析、准确掌握董事、经理及其他高级管理人员、关键岗位员工的风险偏好，采取适当的控制措施，避免因个人风险偏好给事业单位经营带来的重大风险损失。

（三）风险应对策略

事业单位应当根据风险分析结果，结合风险承受度、权衡风险与收益，确定风险应对策略。

《规范》指出：事业单位应当合理运用风险规避、风险降低、风险分担和风险承受等风险应对策略，实现对风险的有效控制。

风险规避是事业单位对超出风险承受度的风险，通过放弃或者停止与该风险相关的业务活动以避免或减轻损失的应对策略。

风险降低是事业单位在权衡成本效益之后，准备采取适当的控制措施降低风险或者减轻损失，将风险控制在风险承受度之内的策略。

风险分担是事业单位准备借助他人力量，采取业务分包、购买保险等方式和适当的控制措施，将风险控制在风险承受度之内的策略。

风险承受是事业单位对风险承受度之内的风险，在权衡成本效益之后，不准备采取控制措施降低风险或者减轻损失的策略。

风险承受度是事业单位能够承担的风险限度，包括整体风险承受能力和业务层面的可接受风险水平。

1. 回避

剥离——通过退出一个市场或区域，或通过出售，剥离一个产品或业务禁止——通过设立权限制度，禁止高风险的经营活动和交易停止——通过重新设定目标，重新集中策略，重新调动资源，停止特定的活动瞄准——对准商业发展及市场扩展，避免非事业单位发展策略的机会出现筛选——筛选替代性资金项目及投资，避免低回报根除——在根源上设计并实施内部防止流程。

2. 保留

接收——在现在的水平接收风险，不采取进一步行动重新定价——在市场情况允许的条件下重新定价产品／服务以补偿所承担的风险自我保险——通过损益表上费用列支、外部融资、预提准备、专托保险公司等来防范风险冲销风险——针对其他风险，在一个良好定义的风险组中加以冲销计划应对——通过设计一个应急计划，授权有关人员定期审核风险事件并执行计划。

3. 降低

分散——在地理区域内分散财务、有形或信息资产，以降低过高的灾难性损失控制——通过内部流程或行动，降低负面事件出现的可能性到一个可以接受的水平。

4. 转移

保险——跟独立、财务上有能力的实体签订合理的保险合同再保险——通过与其他保险者的再保险合同降低资产组合的风险。

对冲——通过进入资本市场、运营方面的变化或者借入新的款项来对冲风险证券化——通过有效的定价机制进入资本市场及通过证券转移风险分享——通过合作或者合资的方式来分享风险回报外包——通过外包非核心流程来有效转移风险免责——与独立的、财务上有能力的实体签订风险共担合同,以免除部分风险。

5. 承担

分配——在公司内部适当分配资金,为所承担的风险融资并取得预期回报分散——分散客户、雇员或供应商及事业单位所有的财务和有形资产扩展——通过投资新行业、新的市场及新的客户群扩展商业组合创新——创造新的产品、拓展新的服务及渠道,减少风险。

重新设计——用独特的资产及技术组合来重新设计公司的商业模式,创造新的价值重组——通过重组、兼并、外包,重新架构及重新安置新的地点来整合事业单位定价——通过对产品定价来影响选择并符合公司的风险状态。

5. 承担

套利——通过在不同市场购买和销售证券或其他资产获取套利空间重新协商——重新协商现有的合同协定,重新定义事业单位风险状态。

影响——通过游说、积极参与政治活动、发展公共关系等提高事业单位在监管者、公共舆论及标准设定人心目中的形象。

（四）风险应对策略的调整

潜在的风险因素在特定条件和特定期间可能转化为风险事件,对目标产生影响。一定环境下有效的内部控制,在另一种环境下未必有效。风险评估的本质就是一个识别变化的环境并拟定相应行动的过程。因此,事业单位应结合不同发展阶段及业务拓展情况,持续收集与风险变化相关的信息,进行风险识别、分析与评价,当发现情况发生变化时应及时调整风险应对策略与措施,从而抓住机遇、规避风险,较好地实现预期目标。为此应关注以下两点:

1. 关注特别变化的情况

应对策略的调整以外部环境和内部条件的变化为前提。下列条件应引起高度关注:

（1）经营环境发生重大变化。如国家政策法规、方针政策的变化、税种税率调整、国标国内竞争环境变化等。

（2）重要人事变动。如高层领导变更,新来的高层管理人员可能不理解事业单位的文化或只关注当前业绩而忽略与其相关控制活动。在缺乏有效培训和督导情况下,关键技术人员高度流动也容易导致事业单位瘫痪等。

（3）新建或修订信息系统。由于下属不熟悉且容易失控或为取得竞争优势及战术出击而建立新系统，在时间限制特别紧急时，也容易使控制失效等。

（4）营业规模迅速扩大。当经营迅速扩张，现有内控制度局限性，可能导致控制失败；当程序变动和新人员增加时，现有的监督有可能失去充分的控制等。

（5）新技术的运用。当新技术运用到生产和信息系统，内部控制就很可能需要修改。如适时存货制造技术应用，就需要改变成本系统和相关的控制，以确保及时报告有效信息等。

（6）新产品新业务的开拓。当事业单位进入新的商业领域或从事不熟悉交易时，现用的控制系统可能受到影响。如银行存款采用网络结算直接影响会计核算系统。

（7）事业单位重组或合并/分立。可能伴随着机构重组、人员调整、监督机构和职责分割，成本费用控制系统调整，或者关键控制功能工作消失而替代控制尚未到位等，从而使原有控制系统失效。

（8）海外经营。海外经营扩张或收购带来新的或独特风格。其控制环境可能受到当地管理层文化和风俗的影响。另外，当地经济法规和环境也可能带来独特的风险因素。

上述环境及条件的变化，要求应对风险的策略与方法也要作相应的调整和变化，才能应对面临的潜在风险。

2.建立预见性的应变机制

事业单位必须建立识别重要风险假设条件发生变化的机制，实施早期的预/报警系统，以识别那些警示新风险将要发生的征兆，做到有预见、早预防。

一般情况是，越能早识别出那些影响风险变化的因素发生变化预兆的，就越有助于提早采取措施进行有效应对，等风险威胁已到临头再采取措施就来不及了。因此，事业单位应完善合理机制，及时预测影响事业单位风险变化条件，做到"未雨绸缪"和"有备无患"。

（五）建立风险控制库

风险控制库是以业务对象为依据，以关键控制点、风险因素、操作规范、违规表现、发生概率、影响程度以及应对措施、控制责任等为内容。将风险点列入程序化表内，为业务部门及相关岗位实施风险控制提供依据。它是风险管控必备的有效工具。

风险控制库建设应由风险相关部门自己动手和专家指导、上下结合、逐步完善，每位员工都应该结合自己的业务/职责，建立自己的风险控制库。

第四节　控制活动精解

控制活动是指事业单位根据风险评估结果，结合风险应对策略，确保内部控制目标得以实现的方法和手段。

控制活动存在于事业单位的各个部分、各个层面和各个部门。为确保管理层的指令得以执行,通常采用核准、授权、验证、调节、复核营业绩效、保障资产安全及职务分工等活动,对风险实施控制。

《规范》指出:事业单位应当结合风险评估结果,通过手工控制与自动控制、预防性控制与发现性控制相结合的方法,运用相应的控制措施,将风险控制在可承受度之内。

《规范》提出控制活动(也称控制措施)包括:不相容职务分离控制、授权审批控制、会计系统控制、财产保护控制、预算控制、运营分析控制和绩效考评控制等。

一、不相容职务分离控制

不相容职务分离是事业单位内部控制最基本的要求,是保证提高经营效率、保护财产安全以及增强会计数据可靠性的重要条件。

不相容职务是指那些不能由一人兼任,既方便弄虚作假又能掩盖其舞弊行为的职务。不相容职务分离就是对这些不能由一人兼任的职务确定由两人以上担任,以利于相互监督。不相容职务的分离是基于两个假设:一是两个或两个以上的人或部门无意识的种种错误的概率要低于一个人和一个部门出现该种错误的概率;二是两个或两个以上的人或部门从事一项工作,有意识的合伙舞弊的可能性大大低于一个人或一个部门舞弊的可能性。

《规范》指出:不相容职务分离控制要求事业单位全面系统地分析、梳理业务流程中所涉及的不相容职务,实施相应的分离措施,形成各司其职、各负其责、相互制约的工作机制。

事业单位在设置不相容职务时,应考虑实质重于形式原则,即弄清楚哪些业务之间存在联系和牵制,哪些职务之间存在利害关系。例如,材料采购与审批业务之间就存在重大的牵制和利害关系。另外,事业单位应该掌握员工在事业单位中的人际关系,重点分析不相容职务是否由具有重大关联的人员担任。如夫妇两人中一人担任事业单位的会计,另一人担任事业单位的审核人员,针对这些情况事业单位应遵循回避原则处理。

二、授权审批控制

授权审批控制要求事业单位根据常规授权和特别授权的规定,明确各岗位办理业务和事项的权限范围、审批程序和相应责任。

(一)授权形式

授权审批是指事业单位在处理经济业务时,必须经过授权批准才能执行,以此进行控制。授权批准按其形式可分为常规授权和特别授权。

常规授权是指事业单位在日常经营管理活动中按照既定的职责和程序进行的授权,一般比较稳定,时效性较长。它是管理当局制定的,整个组织应当遵循的政策,内部员工在日常业务处理过程中可以按照规定的权限范围和有关职责自行办理和执行各项业务。

这类授权在事业单位中大量存在,如采购部门采购材料、会计部门的账务处理、人力资源部门招聘员工等。事业单位对常规授权,可以采用适当形式予以公布,以提高权限的透明度,加强对权限行使的监督和管理。

特别授权是指事业单位在特殊情况、特定条件下的授权,是一种临时性、应急性授权,故暂时有效。它通常涉及特定或特殊类非常规事项。如某事业单位规定支票签发由财务经理负责。由于财务经理休假,临时授权由副经理负责签发。这就是特别授权。事业单位应加强对临时性授权的管理,规范授权范围、权限、程序、责任和相关记录等手续。有条件的事业单位,可采用远程办公的方式逐步减少特别授权。

(二)授权审批控制原则及要求

为了使授权批准控制拥有较好的效果,事业单位一定要遵循以下原则:

(1)需要授权批准的事项,在业务发生之前必须经过授权。

(2)授权批准的责任一定要明确。

(3)所有授权过程都必须有书面证明。

(4)对于越权行为一定要有相应的惩罚制度。

为贯彻上述原则,事业单位应当编制常规授权的权限指引,规范特别授权的范围、权限、程序和责任,严格控制特别授权。

《规范》要求:①事业单位各级管理人员应当在授权范围内行使职权和承担责任。②事业单位对于重大的业务和事项,应当实行集体决策审批或者联签制度。③任何个人不得单独进行决策或者擅自改变集体决策。

(三)授权审批控制的业务内容

授权审批贯穿于事业单位所有业务流程之中,事业单位各项业务的具体授权控制详见有关章节。

三、会计系统控制

①会计系统控制要求事业单位严格执行国家统一的会计准则、制度。②加强会计基础工作,明确会计凭证、会计账簿和财务会计报告的处理程序。③保证会计资料真实完整。

会计系统是事业单位管理系统的核心之一,通过经济业务的记录和报告,一方面反映事业单位的资产状况、经营成果及现金流量;另一方面也为事业单位经营者、投资者、利益相关者、政府部门等提供决策依据。财务报告的真实、完整性是财务信息的灵魂。

(一)会计系统控制的要求及目标

会计系统内部控制应达到的基本目标是:

(1)规范会计行为,保证会计资料的真实完整。

（2）堵塞漏洞、消除隐患，防范与纠正错误及舞弊，保护资产的安全、完整。

（3）确保事业单位贯彻执行国家有关的法律法规和事业单位规章制度。

事业单位在设计会计系统内部控制时，应遵循统一性与灵活性相结合、约束与权限相结合、全面与重点相结合、岗位与职责相结合、成本与效益相结合的原则。

（二）会计机构与会计人员控制

《规范》要求：①事业单位应依法设置会计机构，配备会计从业人员。②从事会计工作的人员，必须取得会计从业资格证书。③会计机构负责人应具备会计师以上的专业技术职务资格。

合格的会计机构负责人（会计主管）除上述特点外还应具备：一是坚持原则，廉洁奉公；二是具有会计专业技术资格；三是曾经主管一个单位或者单位内一个重要方面的财务会计工作不少于二年；四是熟悉国家财经法律、法规、规章和方针、政策，掌握本行业业务管理的有关知识；五是具有较强的组织能力；六是身体状况能适应本职工作的要求。

大中型事业单位应当设置总会计师。设置总会计师的事业单位，不得设置与其职权重叠的副职。

会计人员调动或离职应与接管人员办理交接手续。一般会计人员办理交接手续由会计机构负责人监交；会计机构负责人办理交接手续，由单位负责人负责监交，必要时主管单位可以派人会同监交。会计人员岗位调动，必须将本人经管的会计工作全部移交给接替人员。没有办清手续的，不得调动或离职。

（三）会计信息系统内部控制

会计信息系统内部控制的具体内容有以下四项：

1. 会计核算制度控制

执法首先要懂法。根据财政部规定，事业单位进行会计核算时，应当根据事业单位的性质、规模、行业特点和财政部的规定等，确定事业单位执行的会计准则制度，制度一经确定不得任意变更，事业单位在执行制度时只能运用所选定制度所规定核算方法，各项制度之间不能相互选用，譬如在执行小事业单位会计制度同时，对某些会计事项不准按具体会计准则的规定处理。同样，执行会计准则的上市公司，也不准按小事业单位会计准则的规定去处理会计事项。这是会计核算控制最基本的控制，也是最主要的控制。

同时，为了规范各行业会计核算，财政部及有关部委还制定了"行业会计核算办法"，如财政部 2003 年颁布《施工事业单位会计核算办法》《新闻出版业会计核算办法》等，作为会计制度的补充规定。

2. 会计凭证填制控制

会计凭证包括原始凭证和记账凭证两种。两者性质、用途及填制要求也不相同。

（1）原始凭证是记载业务事项的最初证明文件，它具有法律效力。填制要求是：

①填写的业务、事项及内容必须是已经发生的事实,没有发生或不符合事实的不准填制;②所有原始凭证必须合规合法,手续齐全,不得随意涂改、销毁等。不合规的原始凭证不能作为记账的依据。

(2)记账凭证是由会计根据原始凭证填制的作为记账的依据,填制要求是:①所附原始凭证必须合法;②有关业务或事项的会计处理必须合规。其中最重要也是最关键的环节是原始凭证的真实性及有效性。因此,会计人员应坚决拒绝接受不符合规定的原始凭证,对于填制不全或不正确的凭证,应要求经办人补充和重新填制,对于弄虚作假的凭证,会计人员应当扣留并向上级部门报告,由上级部门追查有关人员的责任。凭证应连续编号,记录有错误的凭证应按规定手续更正处理。

会计凭证应按月装订成册妥善保管。

有关会计人员在处理会计业务时,应关注的控制内容有:账务处理期间的正确性,会计科目使用的正确性,会计政策及会计评估的合规性。有关会计科目调整、合并或拆分时,必须获得财会部门负责人或总会计师的书面批准,并按照会计调整的要求,编制科目调整对照表。

3. 账簿登记控制

账簿按记录详细程度可分为总账、明细账和日记账。账簿使用应填好启用表。

账簿应及时登记并结出余额,做到日清月结。账簿记录有错误应按规定改错方法更正,并由经办人盖章。会计账簿一般不允许不相关人员借阅和查看,确有必要,须报经会计主管或负责人批准。严禁对账簿的涂改、撕毁或转移,年度终了整理后,交档案室按制度规定统一保管,个人不准私自保存账簿及凭证。

实施电算化的事业单位应当定期检查科目设计是否合理,账务处理是否合规、信息资料保密是否完善,有无被盗用的可能。

日常账务处理过程中应及时核对账簿,将账簿记录与实物资产、会计凭证、往来单位或个人等进行相互核对,银行存款应由会计(不得由出纳)编制余额调节表。保证账证相符、账账相符、账实相符,确保记入数据真实、内容完整、手续齐全、处理合规、计量合理、计算准确、依据充分、期间正确、保存完好。

4. 编制会计报表控制

编制会计报表是会计处理的最后一个程序,也是财会核算的最终成果。为确保会计报表客观公允、真实可靠,应做好下列控制活动。

(1)清查资产、核实债务。根据《事业单位财务会计报告条例》有关规定,应全面清查核实所有资产、核实债权债务,并将清查核实结果及处理方法向董事会及有关机构报告,以确保财务报告的真实可靠和资产的安全完整。

(2)复核成本,正确计量资产价值。依据会计准则规定,做好各项生产成本和期间费用的归集,正确计算和结转销售成本,合理确认期末资产的价值。正确计提减值准备,确保期末资产计价的公允性。

（3）计算盈亏，正确核缴税金。年终应根据规定正确计算报告期的经营成果和现金流量，按税法规定计缴各种税金，根据董事会的决议处理税后利润的分配。

（4）做好内部调账和结账。调账是会计工作的一项重要内容。需要调整内容有资产减值准备、投资性房地产转自用、无形资产摊销、应计利息预提、盘盈盘亏的账务处理、外币账户的调整、汇兑损益的计算，并结出科目余额结束账户。

（5）试算平衡，编制财务报告。调整账项后编制试算平衡表，并将存有钩稽关系的项目进行核查，然后填制资产负债、利润表及现金流量表。并根据准则要求，编写财务报表附注，详细说明事业单位执行会计政策、计税依据、报表各主要项目的说明、账龄分析、关联单位往来等。

财务报告完成后，提交董事会进行审核。批准后由事业单位法人及会计负责人签字并盖章，向有关单位报送。有的还需要中介机构审核，并签署审计意见，出具审计报告。

（四）会计信息真实性控制

事业单位应建立保密通报制度，确保有关人员在隐藏身份的情况下可以向董事会（或类似机构）、监事会及审计委员会等揭发造假行为，任何事业单位和个人不得对依法履行职责、抵制违法乱纪的财会人员进行打击报复。任何事业单位和个人不得以任何方式授意、指使、强令财会部门、财会人员伪造、变造会计凭证、会计账簿和其他财会资料，提供虚假财务报告。对授意、指使、强令事业单位编制虚假或者隐瞒重要事实的财务报告，有关人员有权拒绝并及时向上一级领导汇报。董事会应制定一套处理类似事项的程序和制度，确保财会信息真实有效。

四、财产保护控制

《规范》指出：财产保护控制要求事业单位建立财产日常管理制度和定期清查制度，采取财产记录、实物保管、定期盘点、账实核对等措施，确保财产安全。事业单位应当严格限制未经授权的人员接触和处置财产。

（一）有形资产的日常安全控制措施

有形资产包括货币资金、存货、债权和固定资产等。

1. 货币资金和空白票据日常安全控制

货币资金包括现金及现金等价物、银行存款及其他货币资金。新会计准则称之为基础金融工具。这类资产流动性极强，容易成为不法分子极欲侵占的对象。为确保其安全：一要做好存放地的防潮、防火、防盗。二要做到日清月结核对账务、编制余额调节表。超储现金及时送存银行，发现差错及时查找原因、妥善处理。三要严格授权。保险柜严守密码、钥匙妥善保管、不准为他人代存现金。严禁非指定人员经办货币资金业务。明确各种票据的购买、保管、领用、背书转让、注销等环节的职责权限和处理程序，并专设登记簿进行记录,确保空白票据的安全。

2. 存货的日常安全控制

存货包括材料、在制品、产成品、商品及包装物等。为确保其安全完整应做到:

(1)做好实物资产的安全保护。一要合理存放,既要考虑存货物理性质,又便于收发及清查;二要科学保管,做好防腐、防毒、防火、防爆、通风、排水及特殊物资的保管;三要严格制度,做好收、发、存、管各项手续齐全并定期清查。

(2)做好资产所有权上的安全保护。一要指定专人负责,明确保管责任;二要建立明细账,详细记录存货的类别、编号、名称、规格、型号、数量、计量单位等内容,并定期与会计账核对;三要做好存货的日常控制,贯彻以预防为主。

财会部门应针对事业单位存货种类繁多、地点复杂、数量巨大、出入库手续烦琐等特点,经常与仓库核对账务。做到账账相符、账实相符,确保资产安全完整。

3. 债权和债务的日常安全控制

债权包括应收账款、其他应收款和预付款等,这类资产占用资金多,构成复杂、隐患较多,因此必须指定专人负责,建立明细核算制度、定期进行账务核对,及时收回各种款项,做好日常的控制与管理。防范与减少坏账损失的发生。

债务包括应付账款、预收账款、应付薪酬、应交税金及其他应付款等。这类债务如果记录不清、内容不实也会给事业单位带来损失。事业单位应及时核对清理,做到记录正确、内容真实、责任明确。

4. 固定资产的日常安全控制

固定资产的实物安全管理与存货实物管理类似。这里强调以下几项工作:

(1)严格固定资产的登记管理制度。新增固定资产应当及时办理手续,及时进行编号、建卡,确定存放地点及责任者,并注明机器设备附带设备。建立固定资产、分级归口管理责任制。对租用、借用、借出及代管设备,应分别建账登记。

(2)做好固定资产的使用控制。为防范固定资产的丢失和损坏风险,应明确谁使用谁负责保管制度。固定资产的调动和领用应实行审批和授权,并经主管部门批准,部门间借用或调用资产时,应添置《固定资产调拨单》及使用协议。

(3)加强固定资产的外部转移控制。事业单位出租固定资产仓库和有关人员应报经主管部门签章批准,详细记录设备名称、数量、所带附件、完好程度、租赁时间等,做好记录,并修改原来的记录。

(4)做好固定资产的处置控制。固定资产应由独立于固定资产管理部门和使用部门的其他部门和人员办理。对于重大固定资产处置,应采取集体合议审批制度,并建立集体审议批准记录。如果固定资产报废后直接退出生产经营活动过程,不进行对外销售,则有关管理部门应该编制固定资产正常报废单,记录报废固定资产的名称、规格、型号、数量、所属部门等信息。同时,还应该明确必要的清理程序,评估固定资产的残值以及清理费用,防止出现残料丢失的现象。

（5）做好固定资产的清查盘点。清查盘点是维护财产安全完整的重要手段，事业单位应定期对固定资产清查盘点，保证账账相符，账实相符。固定资产盘点清查过程中，应关注资产使用、维修和保养情况，并与账面核对，编制固定资产清查明细表。对盘盈或盘亏资产，应由责任部门说明原因报有关部门审批。

另外，对易损且比较贵重的资产，事业单位应通过保险处理，以减少损失风险。

（二）无形资产的安全管理措施

无形资产也是事业单位可利用的重要资源，特别在一些高新技术事业单位尤为重要。由于这部分资产没有实物形态容易流失。保护无形资产安全，就是保护事业单位在市场中的竞争力。无形资产的安全主要是所有权安全。一是需要做好无形资产安全教育，增强员工的安全意识，防范内部人员泄密和其他单位或个人盗窃及侵犯。二是要加强无形资产的档案管理，做好专利申请登记，未经批准不得借阅，案卷不得涂改、抽换、乱画、标记、携带外出及复制等。档案的使用必须经过总经理或指定的部门批准。三是要建立分级保护制度。对一般或非保密无形资产，如土地使用权、商标权、商号、域名等，无须对其安全实施防范；而对专用技术、工艺配方、工艺流程等，由于其拥有巨大的商业价值，一旦泄露将给事业单位带来不可估量的损失，因此必须建立完善保密制度。对不同的无形资产，分别确定不同的保密等级，实施专门保管工具、专门区域控制、接触明码验证、不准单人接触等严格保密控制。

五、预算控制

预算是指事业单位结合生产经营目标及资源调配能力，经过综合计算和全面平衡，对当年或今后若干年度的生产经营和财务事项进行测算和安排的过程。是事业单位战略管理的重要组成部分，也是实施事业单位战略目标、提高经营管理水平与经济效益的重要措施。预算控制是运用预算对事业单位内部各部门、各单位的各种财务和资源进行分配、考核与控制，以便有效地组织和协调事业单位的生产经营活动，完成既定经营目标。事业单位应当重视预算控制，将它作为制定、落实内部经济责任制的依据。

预算控制要求事业单位实施全面预算管理制度，明确各责任单位在预算管理中的职责权限，规范预算的编制、审定、下达和执行程序，强化预算约束。

预算控制主要须做好以下各项工作：

（一）预算管理机构、权责及流程控制

事业单位应建立预算工作岗位责任制，明确相关部门和岗位的职责、权限，确保预算工作不相容岗位相互分离、制约和监督。

（二）预算编制控制

预算编制控制，要求对预算编制依据、编制程序及流程，以及编制方法等做出明确的

规定,使编制工作合理有效地进行,达到预期的效果。

（三）预算执行控制

预算执行控制要求事业单位根据全面预算管理的要求,组织各项生产经营活动,严格预算执行和收支控制,加强预算执行中的信息沟通,分析预算执行中出现的问题,及时加以解决。由于外部因素发生重大变化需要调整预算的,应当履行审批程序。

（四）预算考核控制

预算考核是对事业单位内部各责任单位或部门预算执行结果的考核和评价。考核应坚持公开、公平、公正的原则,并根据考评结果进行奖罚,以提高预算的权威性。

六、运营分析控制

运营分析控制是指根据综合信息,运用专门方法对事业单位的产、供、销、存及投资等运营状况进行分析,寻找产生差异的原因,拟定改进措施,确保目标实现。

《规范》指出:运营分析控制要求事业单位建立运营情况分析制度,经理层应当综合运用生产、购销、投资、筹资、财务等方面的信息,通过因素分析、对比分析、趋势分析等方法,定期开展运营情况分析,发现存在的问题,及时查明原因并加以改进。

运营分析控制制度应明确运营分析的内容、使用方法、分析程序以及分析主体和审核主体。具体分析程序如下:

（一）确定分析对象

事业单位在运营分析前首先要明确分析对象。分析对象包括筹资状况、偿债状况、运营状况、资产管理状况、盈利状况及事业单位发展状况等内容。

1. 筹资状况分析

筹资状况是指事业单位筹集吸收生产经营所需资金的能力,主要包括两方面:一是事业单位内部筹资状况,通常取决于事业单位的获利水平,获利水平越高,筹资能力越强;二是外部筹资状况,包括权益筹资和证券筹资。外部筹资主要来源于金融机构、证券市场、商业信用、租赁市场等。外部筹资能力主要取决于事业单位的资产状况、信用状况、公关能力、经营状况、盈利能力、发展趋势和潜力等因素。同时也取决于金融市场的供需情况。分析筹资状况主要分析事业单位资金构成比例、资金获利能力、资金筹措成本等。

2. 偿债状况分析

偿债状况分析主要分析事业单位的偿债能力,即事业单位偿还到期债务的状况。偿债能力又分为短期偿债能力和长期偿债能力。短期偿债能力是指事业单位偿还一年内需要偿还的流动负债能力。反映这一能力的指标主要有流动比率、速动比率、现金比率等。在分析这一能力时还应考虑可动用的银行贷款指标、能随时变现的流动资产、资金周转能力、与担保有关的或有负债以及融资租赁合同中的承诺付款等。长期偿债能力是指偿还长期债务的能力。反映长期偿债能力的指标有资产负债率、权益乘数、产权比例、利息保证倍数等。事业单位在分析偿债状况时还应考虑或有负债、担保责任、租赁合同、可动用贷款指标等。

3. 运营能力状况分析

事业单位的运营状况分析就是对事业单位供、产、销的运转情况进行的分析。其中任何一个环节出现问题，都会影响资金的正常循环。资金只有顺利地通过各经营环节，才能完成一次循环。因此运营能力的状况分析就是对事业单位整个经营状况运转的分析。分析评价运营能力的指标有存货周转率、应收账款周转率、固定资产使用效率、总资产周转率等。周转率越高，表明运营效率越高，运营效果越好。

4. 资产管理水平分析

资产管理水平实质是指对事业单位持有或控制资产的利用状况。事业单位的生产经营过程就是运用持有资源取得收益的过程。资产的管理水平直接影响到事业单位的收益，利用水平的高低体现了事业单位的整体素质。事业单位应通过分析资产的保值和增值状况、资金周转状况、现金流量状况等指标，来评价事业单位经营管理水平的高低。

5. 盈利状况分析

盈利状况实质是指事业单位赚取利润的能力。盈利能力关系到事业单位的生存和发展，关系到事业单位所有的利益相关者。盈利能力有狭义与广义之分。前者取决于事业单位生产能力、销售产品、提供服务等获利的能力，受产品价格、成本、技术及管理水平等影响。评价事业单位盈利状况的指标有销售毛利率、销售利润率、成本费用利润率、每股现金流量等。而后者还包括投资获利能力，取决于对资本市场的洞察力、决策能力及资本市场的状况。评价投资获利能力的指标有内含报酬率、净现值、投资回收期等。

（二）收集分析资料

在确定分析对象后，其主要工作是收集和分析与对象相关的信息资料。既包括事业单位内部的也包括事业单位外部的，既包括财务的也包括非财务的，既包括数据型的也包括非数据型的等指标，总之要面面俱到，越多越好，如此才有助于分析。

（三）进行分析方法

运营分析的方法有多种，常用的有因素分析、对比分析、比例分析、趋势分析、综合分析等方法。运用时应针对不同的分析对象选用不同方法。

（四）做出分析结论

分析是一种手段不是目的，分析的目的是找出存在的问题，针对问题产生的原因，拟定改进措施然后将改进措施的责任落实到有关的部门和个人，配备必要资源，并明确预期实现的日期及其效果。

措施落实后，还应实施进展追踪，领导应定期听取汇报，检查措施进度，遇有问题应协助解决,确保经营目标实现。

七、绩效考评控制

绩效考评(也称绩效考核)是一种激励机制,它采用科学的方法、按一定的标准,考察、审核和评价员工对职务所规定的职责、任务的履行状况,从而确定工作绩效的一种系统管理方法。绩效考评是衡量、影响、评价员工工作行为的一种激励措施,也是员工相互评价、相互比较、相互监督、相互影响、实现自我教育和控制的手段。绩效考核的目的是通过考核结果这一反馈信息使员工不断完善自我,改进工作中的不足,更加清楚地认识自己,不断增强员工信心,使考核成为一种督促力量,引导员工为实现事业单位的经营目标而奋斗。另外,绩效考核还是制定人力资源规划的依据,是事业单位招聘员工、培训员工、确定薪酬、奖惩以及晋升、调迁的依据。可见有效的业绩考评将有利于发挥员工积极性,有效地利用人才,形成高效的工作氛围,使员工的个人目标与事业单位的目标相一致,促使员工和事业单位共同发展,较好地达成事业单位的经营目标。但是,如果绩效考评搞形式走过场、强调客观、相互攻击、推脱责任,使其成为员工的负担、心理的阴影,将会极大打击员工的信心,降低工作积极性,使考评目的不能实现。

《规范》指出:绩效考评控制要求事业单位:①建立和实施绩效考评制度。②科学设置考核指标体系。③对事业单位内部各责任单位和全体员工的业绩进行定期考核和客观评价。④将考评结果作为确定员工薪酬以及职务晋升、评优、降级、调岗、辞退等的依据。

要较好完成绩效考评,应关注以下几项工作:

(一)绩效考评应遵循的原则

绩效考评只有遵循以下原则才能达成考评的目的。这些原则有:

1. 客观公正与公开原则

客观公正原则要求考核者在考核过程中,要保持中立,不偏不倚,按照标准,一视同仁;要凭事实说话,避免主观成分和感情色彩;要实事求是,不能肆意歪曲其结果。这样才能做到客观公正,实现考核的目的。

公开原则要求考评工作必须建立在公开、开放的基础上。让员工了解考核的目的、内容和过程,使他们树立责任感与信任感,积极主动地参与考评。同时绩效考评指标、标准、程序和考核人员也应向员工公开,由员工进行监督考评。

2. 可行性与实用性原则

可行性要求绩效考评方案必须切实可行,对考评中可能出现的障碍和困难事先有准备。考核等级之间(如优、良、中、差)应有鲜明的界限。

实用性原则:一是要求设计的考核方法应适用于不同的考核目的和要求,要根据不同考核目的设计不同评测工具;二是要求所设计的考核方案,应适合不同部门、不同岗位人员的素质和特点;三是要求考核的成果应体现在工资、晋升、使用等方面。

3. 定期化和制度化原则

定期化考核可以使考核工作和员工的行为习惯有规律,可以促进考核工作向程序化发展。制度化可以让考核的内容、标准、程序、步骤和方法规范化,使员工都能明确考核工作目标及程序,防范考核工作的主观化倾向。只有程序化、制度化,绩效考核才能真正了解员工的潜能、发现组织中的缺失,从而有利于组织的有效管理。

4. 反馈与调整原则

绩效考核的结果一定要反馈给被考核者,否则就起不到激励、教育和引导作用。另外,事业单位应给被考核者认为考核结果不公正、考核过程存在弊端等的申诉权。并制定相应的申诉程序,对确有不实之处应给予调整。这样才能确保考核的客观性,实现激励作用,达到考核目的。

(二)科学设置考核指标体系

考评必须设有指标与标准并形成指标体系。指标要科学、标准要合理、体系要完整,而且应简便易行。这是绩效考核的基础。为此在指标选择上应做到:定义明确、内容清晰,并具有针对性;在标准确定时应做到:界限分明(如优、良、中、差的区分)、标准先进可行,并具有可测量性;在指标体系构建时应做到:因地制宜、定性与定量相结合,硬指标(业务量)与软指标(道德行为)相兼顾,并权数设定合理。

指标应具备三要素:一是指标名称(考核的内容和对象);二是指标量度(数字化或非数字化);三是指标定义(内在性质及范围)。

绩效考核的最终目的是促进事业单位经营目标的实现。因此绩效考核指标只有和战略目标、经营目标保持一致,才能实现考核的价值。

绩效考核指标通常分为业绩考核类指标、能力考核类指标和态度考核类指标。所谓业绩考核指标,就是考核工作行为所产生的结果。如销售额、市场份额增长率、产品产量、资金周转等指标。业绩考核指标反映了绩效管理的目的,即提高事业单位的整体业绩,实现既定的经营目标。所谓能力考核指标,就是考核员工与岗位和内容相关的工作技能。如电脑维护人员的技术能力、工程师设计与创新能力、技术人员技术能力等。工作能力和工作业绩虽然没有必然的联系,但工作能力好的员工其他工作往往也不错。能力考核制度有利于鼓励员工提高与工作相关的工作能力,从而提高事业单位的应变能力。所谓态度考核指标,是指不考虑员工的业绩和能力,只考虑他们在工作时的精神状态。将工作态度也作为考核指标是因为态度往往决定一切。即便某些员工工作能力较强,但如果工作态度不正确,其工作业绩也往往不理想。为此,为了引导员工积极向上的工作态度,从而达到绩效考核目的,将态度纳入绩效考核内容也是非常必要的。

绩效考核指标形成有三种来源:绩效目标、岗位职责及工作要求。通常具体落实到每一位员工的绩效目标是层层分解而形成的,员工绩效目标是绩效考核指标的直接来源。例如，某事业单位在某年的战略目标是产品市场份额增长 2%，达到 xx 亿元。那么该指标进行层层分解依次落实到销售部（销售地区）、销售小组，最终落实到具体销售人员的业绩目标，就是每一位员工在该计划年度至少应完成的销售金额。则该销售额就是业绩考核的指标。它直接来源于绩效目标。员工除了要完成层层分解的指标任务，还要完成职责范围内的其他工作。如销售人员在销售产品的过程中，还应做好销售记录工作，收集顾客意见、收回货款等。工作要求是指工作性质决定员工必须满足的行为和结果。如销售人员在完成既定销售额的同时，还应保证客户满意度，不是把产品卖出去，完成任务就行了，这是不利于事业单位长期发展的。

指标体系设定应根据考评对象的不同而有所区别。通常分为以下三种情况：

1. 事业单位经营绩效考核评价指标体系

（1）财政部等五部委颁布指标体系。为正确进行事业单位绩效考核评价，财政部、国家经贸委、中央事业单位工委、劳动保障部、国家计委印发《国有资本金效绩评价规则》《事业单位效绩评价操作细则（修订）》，规定了评价事业单位经营效绩的指标体系。该体系由 20 个定量指标和 8 个定性指标组成。

（2）杜邦考核评价指标体系。20 世纪 80 年代以后欧美许多公司放弃使用分析体系，取而代之的是采用经济增加值（EVA）。

杜邦分析体系作为一种对公司业绩分析考核的工具是非常有效的，并且比较适合中国大多数中小事业单位。它是以"净资产权益率"为起点和基础，从影响净产收益率的因素着手，以会计历史数据为依据，将影响净资产收益率中各项指标"抽丝剥茧"，从财务角度构建了一套比较完整的事业单位业绩考核、评价体系。从实践来看，合理运用"净资产收益率"进行公司管理对许多中小事业单位来说也是一种非常便捷的手段，可以通过图 1-13 发现公司运营过程中存在的问题，并寻求改进措施。

2. 各责任中心绩效考核评价指标体系

事业单位可根据各责任中心的业务特点及其责任来确定指标构成。

（1）成本责任中心绩效考评指标体系构成：价值量指标有产品成本、直接材料费、直接人工费、制造费用、资金周转率等。除价值量指标还有产品产量、产品的质量、材料消耗定额、劳动生产率、安全生产等。

（2）利润责任中心绩效考核评价指标体系构成：利润额、销售收入、销售成本（生产成本）、销售毛利、销售利润率、应收账款周转率、资金周转率、营业费用等。

（3）投资中心绩效考核评价指标体系构成：投资利润率、投资回收期、内含报酬率、净现金流量、剩余收益、经营资产平均占用额、经营利润等。

剩余收益 = 经营利润 -（经营资产 × 预算规定最低收益率）

3. 部门、小组及个人绩效考核评价指标体系

部门、小组及个人绩效考核评价指标体系构成，应结合预算编制所确定责任指标及标准作为考核的依据。通常有销售收入、产品成本、材料消耗、资金占有、资金周转期、费

用限额、产品质量、安全生产等。

绩效考核指标设定。应结合事业单位特点并具有可操作性。同时指标体系要科学合理，既有数量指标又有质量指标，既有硬指标又有软指标，更要注重诚实守信、思想意识和事业单位文化素质的培养，因地制宜形成科学完整的指标体系。

（三）合理确定考核主体

考核要达到预期的效果，就必须合理确定考核主体。也就是说，由谁进行考核、有多少层次实施考核。要实现事业单位绩效考核的目的，事业单位应在两方面进行周全的考虑。一般来说，考核者通常是被考核者的主管领导。考核者通常又可分为第一层考核者、第二层考核者，还可设第三层、第四层考核者。考核设多少层合适，通常依据职务从低到高的顺序来进行。

事业单位在确定考核主体时应遵循的一个重要原则是：考核者对被考核者的工作性质、岗位要求、工作状况等必须有一定的了解，否则考核者很难准确评价被考核者的工作成果。另外，事业单位应根据人力资源的实际状况来确定考核者的人数，但对于一个考核对象通常不得少于两个考核主体。

还有一个很重要的事项是，事业单位应对考核主体进行必要的培训，其中包括道德、纪律、考核资料收集、考核体系等方面的培训，力求使考核主体具有更高的考核技能、更公正的考核心态，从而进行更客观的绩效考核，实现考评的目的。

（四）选用正确的绩效考评方法

对事业单位绩效的考核，事业单位可自行组织考评，聘请中介机构测评、上级主管机构考评等。通常采用功效系数法。详见本丛书《事业单位全面预算管理与效绩评价实务》。

对个人及部门绩效评价方法有许多种，如360°反馈评价法、事业单位绩效考核评价法、图尺度评价法、交替排序法、配对比较法、强制分布法、关键事件法、描述表格法、行为锚定等级评价法以及目标管理法等。事业单位应根据不同目的选择不同方法。

1.360°反馈评价法

所谓360°反馈评价也称全景式反馈或称多源评价，是一个组织中由了解和熟悉被评价对象的人员（如直接主管或老板、同事及下属等），以及与其经常打交道的外部顾客和供应商，对被评价者的工作能力和核定的工作行为与技巧等，提供客观、真实反馈信息，帮助找出其个人素质在这些方面的优势与发展需求的过程。

显然，这种评价模式较单一评价来源的评价方式更为公正、客观、真实、准确与可信。同时，通过360°评价方式，人们可以客观地了解自己在职业发展中所存在的不足，从而激励他们更有效地发展自己的能力，克服缺点赢得更多的发展机会。就一个组织而言，只有从不同的角度、不同的来源获得所有的反馈信息，客观地分析和使用这些信息，才能使其克服错误的自我概念、盲点与偏见，做出正确的评价与决策。这一方法既可以很好地应用于员工个人的考核评价,也可以服务于一个组织的变化、发展需求。

2. 事业单位绩效考核评价法

它是由财政部、国家经贸委、人事部和国家计委于 1999 年联合颁布的,用以考核评价事业单位经营业绩的文件。于 2002 年 2 月又进行部分修订。修订后考评指标体系由 30 个指标构成,其中定量指标 22 个,定性指标 8 个。同时按行业划分为 11 个大类、47 个中类和 97 个小类。每个行业又分为全行业、大型事业单位、中型事业单位、小型事业单位四种类型。每种类型又分为优秀值、良好值、平均值、较低值、较差值五个等级,从而为事业单位绩效评价提供了依据。为便于事业单位考核评价,国务院国资委统计评价局每年发布《事业单位绩效评价标准值》作为考核评价依据。具体的评价程序和方法见本丛书《事业单位全面预算管理与绩效评价实务》。

3. 图尺度评价法

图尺度评价法是最简单和运用最普遍的工作绩效评价技术之一。它列举了一些绩效构成要素(如"质量"和"数量"),还列举了跨越范围很宽的工作绩效等级(从"不令人满意"到"非常优异")。在进行工作绩效评价时,首先针对每一位下属雇员从每一项评价要素中找出最能符合其绩效状况的分数,然后将每一位雇员所得到的所有分值进行加总,即得到其最终的工作绩效评价结果。

八、综合运用控制措施

《规范》指出:事业单位应当根据内部控制目标,结合风险应对策略,综合运用控制措施,对各种业务和事项实施有效控制。

以上介绍的内部控制措施,只涉及内部控制的某一方面,然而,事业单位是一个不可分割的有机整体,在经营实践中为实现某一控制目标,不可能只用其中一个或若干个。因此,应结合内控目标及选择的应对策略,综合运用控制措施,才能实现有效控制,将剩余风险(采取各项控制措施后仍可能发生的风险)控制在可接受水平之内。例如,货币资金控制的目的是保证货币资金的安全完整。要实现这一目的,涉及不相容职务分离控制、授权审议批准控制、预算控制、财产保护控制、会计系统控制、绩效考评控制、销售收款、采购付款控制等。因此必须综合运用这些控制措施,才能保证货币资金控制目的的实现。但是尽管综合运用了这些控制措施,也并不能保证消除货币资金业务的所有风险,但在最大限度上减少了货币资金的风险,将剩余风险控制在可接受水平。

最后需要强调的有两点:一是事业单位应当以书面形式,或者其他适当形式记录事业单位制定的控制措施及促进有效实施的情况;二是事业单位应完整收集、妥善保存控制措施实施过程中相关记录和资料,确保控制措施过程的可验证性。

《规范》指出:事业单位应当建立重大风险预警机制和突发事件应急处理机制,明确风险预警标准,对可能发生的重大风险或突发事件,制定应急预案、明确责任人员、规范处置程序,确保突发事件得到及时妥善处理。

九、建立重大风险预警机制和应急处理机制

由于外部环境的不确定性，事业单位内部决策失效性或某些无法预料的突发事件出现，往往使事业单位处于危机之中，面临巨大的风险。同时随着经济全球化，资本国际化及科学技术的发展，不仅事业单位间依赖性较强，而且国家间也越加紧密，一些突发事件产生，如汶川地震事件，很容易使大范围的事业单位面临危险。针对这类突如其来的风险，最有效的方法是建立应急管理机制。

（一）建立应急管理机制

1. 应急处理机制的任务及目标

（1）应急处理机制。它至少应包括应急预案、责任人员、处理程序等。建立应急处理方案应遵循全面性原则，事业单位所有可能的应急方案都应作为备选方案。应急处理的责任应落实到人，应急方案中涉及的部门及人员都应明确相应的责任，并建立奖惩制度。事业单位要制定详细合理的处理程序，并严格要求相关人员按程序办事。如确实需要变更程序，应提前申请批准后再执行，确实紧急特殊程序则应得到特别授权。

（2）应急处理任务。应急管理的根本任务是对突发事件做出快速有效的应对。其主要任务是："面对突发事件，有效地组织调动事业单位各方面资源，快速有效地防范和控制突发事件蔓延，尽可能降低事业单位损失。"但是由于突发事件多是突如其来，而且错综复杂多种多样，事前准备的应急措施有时难以应对。为此，在应急管理中，应更加注重应急措施的规划，形成一个系统有效的应急管理体系。

（3）应急处理目标。应急管理体系的目标是"统一指挥、分工协作、预防为主、平战结合、及时灵活、科学有效"地处理突发事件。

2. 应急管理体系建立的原则

应急管理体系建立的过程应遵循下列原则：

（1）全面性。全面性含义是指：①事业单位所有可能发生的突发事件都应纳入应急管理；②应全面考虑所有突发事件造成的所有可能性影响；③将所有的应急措施都纳入可选择的方案之中。

（2）层次性。应急管理体系的建立应依据突发事件性质、涉及范围、危害程度、影响大小、发生时间地点等难以预料的特点，采用不同级别的处理预案、组织不同层次的机构参与；针对各种可能的后果从轻到重，设计不同的应对措施预案。

（3）可重构性。任何对于以往经验和预测构建出来的系统，都不可能解决未来发生的所有问题。这就要求构建的应急处理体系的各个功能模块，能够很方便地进行切换，并重新进行组合。

（4）高可靠性。重大突发事件造成的破坏后果是巨大的，对这些重大事件，应急管理体系应该能够提供更高的可靠性，才能适应需要。常用的手段是准备多种处理方案，且这些方案相对独立，不能相互依赖。

（5）可操作性。应急管理体系所提供的各种应急措施必须是事业单位能立即使用的资源，具有可操作性。否则一旦重大突发事件出现，应对措施就会落空。

3. 应急管理程序

突发事件应急处理的程序是：

（1）突发事件预警。所谓预警是指根据以往突发事件的特征，对可能出现的突发事件的相关信息进行收集、整理和分析，并根据分析结果给出的警示，是应急管理中的重要环节。预警的目的是尽早发现及防范可能发生的重大突发事件，以避免突发事件的发生和进一步扩大，从而最大限度地降低不利后果。

（2）预案管理。预案管理由一系列决策点和措施集合组成，它贯穿于应急管理的全过程。如预案管理的准备和制定就是对突发事件处理经验的总结，用以指导未来可能发生的同类事件；预案管理还可预测和分析可能出现事件的规律，通过研究它们之间的内在联系，寻找一些规律特征，从而更好地准备和制定预案。

（3）突发事件处理。突发事件的处理是应急管理的核心。它表现为当突发事件发生后对各种资源的组织和利用，从各种备选方案中进行选择。突发事件爆发后各种表现形式和特点都会暴露出来，这时事业单位就应预测和分析这些事件可能发展趋势及产生的后果，并作出相应的措施决策。

（4）事件后的处理。它是在突发事件的影响逐渐减弱或完全结束后，对原有状态的恢复，以及对相关部门和人员进行奖惩等事后事项，并将该事件及时形成案例，总结经验教训。

4. 应急管理体系的运行动态

应急管理体系的运行可分为平时状态、警戒状态和战时状态。当某种突发事件发生的可能性提升至警戒点以上时，整个体系就会进入警戒状态，这时一方面要启动保护程序，另一方面要防止突发性事件的侵入。当各种手段和方法都无法避免突发事件发生时，应急管理系统即进入战时状态。这时应立即启动相应的评估和决策系统，尽快做出决策，调度相应的应急预案，调动各种资源，协调各方面进行事件处理。

（二）建立预警机制

预警是根据系统外部环境及内部条件的变化，对系统未来的不利事件和风险进行预测和报警。这些不利事件和风险可概括为经济危机、行业危机及事业单位危机。事业单位更关注的是事业单位危机。

事业单位危机通常事先都有征兆，通过一些信号反映出来，掌握这些信号动态就可及早报警、防范或抑制风险损害。

建立预警机制的主要手段是通过构建预警指标体系确定指标临界值，再将实际（预测）状况与预警临界值对比，从而预测出事业单位所处的危险程度并发出警报。

预警通常用预警临界值反映，经济类指标的预警临界值的计算公式：

预警临界值完成度 =（监测 / 实际完成值 - 预警临界值）/ 预警临界值

从该指标可以看出完成度越低，面临的风险越大。

（三）危机管理

多数突发事件会使事业单位陷于危机之中。而危机的存在又使事业单位面临巨大风险。可见危机管理是应急管理和风险管理的重要内容之一。

危机具有隐蔽性、公开性、连带性、复杂性和双重性等特征。充分认识这些特征，对防范与管理危机有重要意义。

从市场经济角度看，特别是现代社会，经济环境瞬息万变、科技发展日新月异、事业单位风险不断扩大，危机不可避免，因此不存在永久的胜利者。这就告诉经营者，在任何时候，都必须强调适应力与高应变力，大胆创新，谨慎经营，防范和抑制危机产生，降低危机带来的损害。

1. 危机类别及形成原因

危机按起源可分为外部危机和内部危机。事业单位危机又可细分为公共关系危机、营销危机、人力资源危机、信用与财务危机、速度危机、创新危机等。

（1）公共关系危机，是指事业单位与社会公众之间，因某种非常性因素引发的具有危险性的非常态联系状态，它是事业单位公共关系严重失常的一种反映。如三鹿奶粉质量问题、三株公司因口服液破产问题、虚假广告等引发的问题。从事业单位内部分析，导致的因素是人员素质差、产品质量不到位、经营决策失误、违法违规经营等。

（2）营销危机，是指产品市场占有率不断下降、部分市场丧失、产品卖不出去、大量产品积压、收入不抵成本等。可通过市场占有率、销售增长率、销售收入、库存商品期限等指标反映。形成原因可能是经营观念落后、市场发展战略和营销策略失误、市场调查和预测不充分、产品样式品种落后等。

（3）人力资源危机，是指主要技术、业务骨干及高管流失，人力资源管理不善，事业单位与员工发生冲突、人心涣散等。其信号是重要岗位骨干及负责人离职、不利事业单位的职工舆论等。形成的原因是缺乏以人为本的意识，未重视人的作用，不重视开发人才战略等。

（4）信用危机，是指在信用交往过程中，不能履行合约等信用条款，到期不能收回货款而引发的危机。其信号是应收账款大量占用、逾期或长期不能收回，或客户破产等。形成原因是对客户调查了解不清，销售和信用政策失误等。

（5）财务危机，指事业单位在财务方面陷入困境，主要表现是财务指标出现异常，如资产负债率过高，资金周转不灵，不能如期偿还到期的债务及银行借款，长时间入不敷出。形成原因是经营决策失误，市场预测不准或发生欺诈等。

（6）速度危机，是指事业单位盲目追求发展速度，忽视事业单位质量的提升而导致的危机，如盲目并购、大量搞基础建设投资等。速度危机潜伏期很长，没有明显的预警信号，只能以事业单位各阶段的投入与产出相比，与行业水平相比，通过比较才能发现。其通常是片面追求速度、盲目扩张和多元化经营等所导致。

（7）创新危机，是指事业单位因忽视新产品的市场潜力及新技术改进，老产品缺乏市场竞争力；或盲目创新与开发产品或新技术而没有市场等，使事业单位陷入危机。其表现是产品或技术没有市场，收入急速下降，或市场太小不足以弥补开发成本，大量出现亏损等。导致原因：一是对新产品新技术开发重视不够，没有及时投入必要资源；二是盲目开发，背离了市场的需求。

2. 危机应对策略

危机产生的原因极其复杂，其应对措施也需多种多样，应针对不同对象选用不同方法。具体来讲，除《规范》提出的几种应对策略外，还应关注以下几点：

（1）成立危机处理小组，协调各方面工作是成功的经验。危机处理小组的职责是：①全面、清晰地分析可能遇到的危机并进行预测；②做好危机的预防工作；③为各类危机处理分别制定有关策略和计划；④监督危机管理的规定和程序正确实施；⑤危机发生后，及时做出快速反应、建议和指导。

（2）做好危机管理计划。包括：①任命危机控制和检查专案小组；②确定能受到影响的公众和机构；③为最大限度减少损害，应建立有效传播和公关渠道；④把计划落实成文字，并不断演习，提高员工应对能力。

（3）做好员工培训，提高员工应对危机的意识、素质和技能。素质包括敏感性素质、应变性素质和凝聚力素质。

通过以上措施，可有效地提高应对危机能力，减少事业单位损失。

第五节　信息与沟通精解

情况明、决心大、方法对是事业成功的三要素，其中首要环节是情况明。经营者要对事业单位的生产经营活动实施有效的控制，如果没有信息资料或信息资料不真实，如同"盲人骑瞎马，夜半临深渊"，后果非常危险。这就是信息与沟通的必要性。它不仅是内部控制的前提条件，也是经营管理的基础，是内部控制的一项重要内容及要素。

《规范》要求事业单位：①应当建立信息与沟通制度。②明确内部控制相关信息的收集、处理和传递程序。③确保信息及时沟通，促进内部控制有效运行。

有效的信息与沟通系统能使事业单位管理层、内部员工取得他们在执行、管理和控制事业单位经营过程中所需的信息，并交换这些信息。为使职员更好地执行其职责，就必须识别、捕捉、交流外部和内部信息。沟通能使员工了解其职责，保持对财务资料的控制。包括使员工了解在会计制度中他们的工作如何与指标相联系，如何对上级报告例外情况等。沟通的方式有政策手册、财务报告手册、备查簿、流程图、口头交流或管理示例。信息收集与沟通包括内部收集与沟通和外部收集与沟通。

一、信息收集与传递

事业单位应当建立信息收集与沟通制度。确保信息畅通，提高利用效果，适应控制需要。

事业单位应当对收集的各种内部信息和外部信息进行合理筛选、核对、整合，提高信息的作用。事业单位可以通过财务会计资料、经营管理资料、调研报告、专项信息、内部刊物、办公网络等渠道，获取内部信息。事业单位可以通过行业协会组织、社会中介机构、业务往来单位、市场调查、来信来访、网络媒体以及有关监管部门等渠道，获取外部信息。

信息按其来源渠道可分为内部信息和外部信息。内部信息是在系统内部产生的，包括生产经营信息、会计信息、资本运作信息、人员变动信息、技术创新信息、综合管理信息等。外部信息是在事业单位外部产生的，包括政策法规信息、经济形势信息、监管要求信息、市场竞争信息、行业动态信息、客户信用信息、社会文化信息、科技进步信息等。对事业单位内部控制来说，这两类信息都是非常重要的，都能提供判断的依据。

二、沟通和反馈

（一）沟通和反馈含义

《规范》要求，事业单位应当将内部控制相关信息在事业单位内部各管理级次、责任单位、业务环节之间，以及事业单位与外部投资者、债权人、客户、供应商、中介机构和监管部门等有关方面之间进行沟通和反馈。信息沟通过程中发现的问题，应当及时报告并加以解决。

沟通是指组织成员之间、组织成员与外部公众和社会组织之间，旨在完成组织目标而进行的信息发送、接收与反馈的过程。信息沟通是事业单位内部控制的重要构成要素，包括管理层与员工、管理层与管理层、员工与员工之间，都需要用不同方式传播信息、了解情况、交流思想、掌握进度。使部分工作与整体要求相互配合，表达感情、协同工作，达成组织目标实现。

重要信息应当及时传递给董事会、监事会和经理层。

（二）沟通与反馈的分类

（1）按沟通和反馈的途径，可分为正式组织沟通和反馈与非正式组织沟通和反馈。正式沟通是由组织内部规章制度所明确规定的内容。包括组织系统发布的命令、指示、文件，组织召开的正式会议，以及组织正式颁布的法令、规章、手册、简报、公告等。正式沟通和反馈的效果比较好，也容易保密，但信息传递慢，而且在传递过程中可能出现滞留与扭曲。

非正式组织沟通是以社会关系为基础，与组织内部的规章制度无关系的沟通方式。例如员工之间的私下交谈、小道消息等。非正式沟通方式沟通速度快，能够提供一些正式沟通中难以获得的信息,但非正式沟通容易使信息失真,而且有可能导致小集体的产生,组织的凝聚力和人心稳定容易受到影响。

（2）按信息的载体,可分为语言沟通和非语言沟通。语言沟通是人们运用语言进行信息交流,传递思想情感、观念和态度,达到沟通目的的过程。

非语言沟通是通过某些特定媒介,如网络,来表达和传递信息的过程。

（3）按信息沟通的范围,可分为人际沟通、群体沟通和群际沟通。人际沟通是指人与人之间的信息和感情的交流和传递的过程。群体沟通是指组织内部人员与人员之间、部门与部门之间的信息传递与沟通。群际沟通是指事业单位与事业单位、事业单位与竞争者、供应商、出租者、政府、媒体等进行的信息传递与交流。

（4）按沟通的方向,可分为向上沟通、向下沟通与水平沟通。向上沟通是指组织内部的下级向较高层次的信息传递与沟通;向下沟通是指组织中较高层向较低层次传递信息与沟通;水平沟通是指组织内部不同部门、不同员工之间的沟通。

（三）沟通的控制

信息沟通既有利于事业单位的经营管理、目标实现,但有时也可能带来负面影响,因此必须实施有效控制。特别是与外部沟通时,应关注以下方面:

（1）与投资者和债权人的沟通。应依据公司法、证券法要求,采用不同的方式,就相关内容,如事业单位的战略规划、经营方针、融资计划、年度预算、经营成果、财务状况、利益分配等信息,进行沟通并听取投资者意见,介绍有关情况。

（2）与客户的沟通。可通过座谈会、走访等多种形式,听取客户的消费偏好、销售政策、产品质量、售后服务、货款结算等方面的意见和建议、宣传辅导等。

（3）与供应商的沟通。应通过供需见面会、座谈会、订货会、业务洽谈会等多种方式就产品质量、技术性能、交易价格、信用政策、结算方式等事项进行沟通。

（4）与监管机构的沟通。应及时向监管机构了解监管政策、变化和要求等,并相应地完善自身的管理制度。同时,认真了解自身存在的问题,积极反映诉求和建议,努力加强与监管机构的协调。

（5）与外部审计师及律师的沟通。事业单位应定期与他们会晤,听取注册会计师、律师对财务报告、内部控制、经营战略等方面的意见和建议,保持有效沟通。

（四）克服沟通障碍

沟通是调整员工关系的有效手段,是信息传递的重要形式,是事业单位战略实施的基础。如果沟通渠道不畅、开放程度低,势必妨碍沟通的效果。沟通的障碍通常有以下几方面:

（1）信息发送者的障碍。如语言不恰当,导致信息的理解错误;目的不明确,导致信息内容的模糊性;倾向选择失误,导致信息误解的可能性;表述模糊,导致信息传递错误。这些都严重地阻碍了发出信息的沟通与效果。

（2）信息接受者的障碍。如总以自己为准则，导致对理解信息出偏差；按自己意愿去加工，导致信息不清或失真；人际关系不融洽感情不和，导致信息阻碍或破裂；知识水平、价值标准和思维方式差异，导致误解信息或中断。

（3）沟通渠道的障碍。如沟通渠道过长、环节过多，可能导致信息衰减或颠倒；沟通渠道选择不适当，可能导致误解或轻视；组织机构不合理、管理层次多、命令不统一、形式不恰当，可能导致信息沟通效率低、效果差。

为克服上述障碍，在信息沟通时应做到清晰、简洁、灵活、准确，实现沟通的目的。

三、信息系统安全控制

有效的信息系统是技术与制度相结合的体系，是事业单位内部控制过程的重要组成部分。信息系统必须灵敏、迅速地发现并提供管理活动所需的信息。

《规范》要求：事业单位应当加强对信息系统开发与维护、访问与变更、数据输入与输出、文件储存与保管、网络安全等方面的控制，保证信息系统安全稳定运行。

事业单位应当建立信息安全组织架构，并建立完善的汇报机制，在事业单位总部的下属单位等各级信息技术部门应设立信息安全管理负责人，负责本单位的信息安全培训及安全监督和检查。有关信息系统安全管理见本丛书《事业单位全面风险管理实务》第七章信息管理。

四、反舞弊机制

舞弊是指组织内、外人员采用欺骗等违法违规手段，损害或谋取组织的经济利益，同时可能为个人带来不正当利益的行为。由于利益的驱动，舞弊现象应引起高度重视，事业单位应该建立相应的防舞弊机构，防范舞弊的发生，使事业单位健康发展。

《规范》要求：事业单位至少应当将下列情形作为反舞弊工作的重点：①未经授权或者采取其他不法方式侵占、挪用事业单位资产，牟取不当利益。②在财务会计报告和信息披露等方面存在的虚假记载、误导性陈述或者重大遗漏等。③董事、监事、经理及其他高级管理人员滥用职权。④相关机构或人员串通舞弊。

《规范》要求：①建立反舞弊机制；②坚持惩防并举、重在预防的原则；③明确反舞弊工作的重点领域、关键环节和有关机构在反舞弊工作中的职责权限；④规范舞弊案件的举报、调查、处理、报告和补救程序。

（一）舞弊风险种类

舞弊可分成两类：一是损害组织利益的舞弊，二是谋取组织经济利益的舞弊。

1. 损害事业单位经济利益的舞弊

它是指事业单位内外人员为谋取自身的利益，相互勾结采用欺骗等违法违规手段，使事业单位经济利益遭受损害的不正当行为。此种行为的具体表现有：

（1）收受贿赂或回扣；

（2）将正常情况下可以使事业单位获利的交易事项转移给他人；

（3）贪污、挪用、盗窃事业单位财产；

（4）故意隐瞒、错报交易事项；

（5）变造虚假的交易事项套取款项；

（6）泄露或出卖事业单位的商业秘密；

（7）其他损害事业单位经济利益的舞弊行为。

2. 谋取事业单位经济利益的舞弊

它是指事业单位内部人员为使事业单位获得不正当经济利益而其自身也可能获得相关利益，采用欺骗等违法违规手段，损害国家、其他组织和个人利益的不正当行为。此种行为的具体表现有：

（1）支付贿赂或回扣；

（2）出售不存在或不真实的资产；

（3）故意错报交易事项，记录虚假的交易事项，为使别人误解财务报表而做出不适当的投融资决策；

（4）隐瞒或删除应对外披露的重要信息；

（5）从事违法违规的经济活动；

（6）逃漏应交纳税金；

（7）其他谋取事业单位经济利益的舞弊行为。

事业单位舞弊的手段很多，尤其是财务舞弊。如收入舞弊、支出舞弊、负债舞弊、发票舞弊等。目前，信息披露存在的主要问题是：披露的信息不真实，披露内容不充分，披露不连续、不及时，甚至弄虚作假，造成极其恶劣的影响。

社会上舞弊更是多种多样，尤其是网络及信用卡舞弊更是防不胜防。

（二）反舞弊机制及风险控制要求

1. 健全反舞弊机制

反舞弊机制是指事业单位防范、发现舞弊处理行为，优化内部控制环境的制度安排，是事业单位内部控制体系的重要组成部分，对于有效防范和控制舞弊行为的发生，减少由此给事业单位带来的风险和损失，具有非常重要的作用。因此，事业单位应当建立健全反舞弊机制，明确有关部门在反舞弊工作中的职责权限和协调作用，规范反舞弊调查处理程序，建立情况通报制度，及时防范因舞弊导致内部控制措施失效、影响内部控制目标实现的风险。

反舞弊程序或控制的缺失应当视为"内部控制重大缺陷"。高管人员的舞弊行为应当被定为内部控制存在重大缺陷。事业单位应当针对反舞弊关注点，制定具有针对性的控制措施，以有效方法发现并及时严肃处理舞弊行为，从而有效地保证控制目标的实现。

事业单位应从以下几方面防范或避免舞弊事件的发生：

（1）建立反舞弊报告制度。事业单位定期召开反舞弊情况通报会，由审计、监管部门公布反舞弊工作成果，分析当前反舞弊形势，评估舞弊风险的可能性和重要性，评价现有反舞弊程序及控制措施，协调反舞弊审计与调查工作，研究防范舞弊行为发生的制度及措施。

（2）建立反舞弊数据库，进行舞弊风险分析。事业单位应根据监管部门历年查处的信访案件情况及部门开展经济责任审计情况，组织建立反舞弊数据库，定期分析舞弊风险，有针对性地提出解决措施，不断建立和完善内部控制制度。

（3）建立反舞弊工作机制。事业单位审计与监管部门建立联合反舞弊工作机制，组成反舞弊协调小组，负责组织、协调反舞弊工作。

2. 反舞弊风险评估应关注事项

（1）评估舞弊涉及的范围及复杂程度，避免为可能涉及舞弊的人员提供信息或被其所提供的信息误导。

（2）对参与舞弊检查人员的资格、技能和独立性进行评估，明确实力情况。

（3）设计适当的检查舞弊程序，分析确定舞弊者、舞弊程度、舞弊手段及原因。

（4）在舞弊检查过程中与事业单位管理层、专业舞弊检查人员、法律顾问及其他专家保持必要的沟通。

（5）保持应有的职业谨慎，避免损害相关组织和人员的合法权益。

在舞弊检查过程中，如果可以确认舞弊已经发生，并须深入调查，或舞弊行为已导致对外披露的财务报表严重失实，或发现犯罪线索，并获得应当移送司法机关处理的证据，应及时向管理层报告。

（三）健全控制舞弊的措施

1. 职务分离控制

职务分离在防舞弊风险工作中有极其重要的作用。如果相关联的两项职务由一名员工担任，既可以弄虚作假又可以掩盖舞弊行为。因此这样的职务要由不同人来担任。这就是职务分离。在执行职务分离时还要注意贯彻回避原则。即直系亲属或其他区域有契约关系的人员应该避免在同一个事业单位的财务部门任职，尤其是不同级别的管理岗位。不相容职务需要各个职务人员分离，不能混岗，否则不相容职务的人员可能相互勾结、串通舞弊、超越制度。相关内容及要求见本章不相容职务分离控制。

2. 收支舞弊风险控制

事业单位舞弊的手段多种多样，但多数发生在财务方面，为此，需采取以下措施：

（1）严格收入环节控制。做好收入环节舞弊控制，首先控制发票及收款凭证的使用与保管，发票是购售商品、进行交易所开具的具有法律效力的证件，收款凭证是单位开给付款人的凭据，事业单位一定要严格管理，防止不法分子得逞，发票管理存在的问题主要有：销货不开发票、代他人开发票、开"阴阳票"、卖空白发票等。为不法分子舞弊提供条件，或收入款项不入账。防止发票及收款凭证舞弊措施是事业单位应设置台账、及时记录发票（凭证）购入及使用情况，指定保管负责人，按照规定程序使用凭证，发生发票（凭证）被盗或丢失应立即报告主管及税务机关。其次严格控制入账时间，有些事业单位及不法分子为达到某种目的，人为地改变入账时间，推迟确认收入，贪污侵吞现金或挪用公款，特别是涉及大量现款交易的商场、零售店、饮食服务行业等，现款交易多，控制难度较大，应结合自身特点建立健全控制措施。控制收入金额。如果事业单位入账金额有问题，一般不容易发现，审查人员在审查时必须从相关业务入手，获取相关有效凭证、取得相关人员支持。

（2）严格支出环节风险控制。事业单位的支出主要体现在成本与费用方面。其舞弊行为多表现在虚报、冒领。所谓虚报是指无中生有地变造凭证冒领现金及实物。如有的事业单位或员工购买假发票，在账上列支费用，以加大成本减少利润，有的虚报差旅费、虚列员工人数加大工资支出、加大固定资产的折旧、多领用材料等。

（3）严格资金性质划分控制。资金的支出要严格按财会制度规定区分其性质，防范将资本性支出作为费用性支出，或将费用支出列为资本支出。如科研费用，有的事业单位巧立名目，将成本费用支出列为科研开发支出，以骗取减免税；有的将本来应列入当年费用的科研及产品开发费用支出列为无形资产支出，使事业单位的资产有名无实。实质是将费用转化为资产，虚增事业单位的利润。

3.资产安全风险控制

对库存资产严格控制，资产出入库应填制必要的手续，报经有关人员批准。如有的事业单位将设备私自运出厂外，作废品出售；有的仓库保管不严、大量材料丢失。仓库保管人员与外部不法分子相互勾结以次顶好，或将好品作为废次品出售。也有的事业单位将有用的良好资产，以无用或损坏的名义进行处理。如某单位以200元价格处理一辆报废汽车（实质还不到报废年限而且能用），使国有资产流失。有的事业单位库存产品长期无人过问，不仅账实不符，而且有些早已过期无效，仍以原价保留在账面。对上述问题必须建立严格的控制制度，明确责任制及问责制，对失职人员要严肃处理，对重大犯罪分子要绳之以法。

4.关注潜在风险控制

事业单位面临的潜在舞弊风险多种多样，严重威胁事业单位的生存与发展。

五、举报投诉制度

举报投诉制度是指事业单位内部建立的，旨在鼓励员工对事业单位内部财务、会计、审计、内部控制等方面的违法行为，或不当行为进行举报，并由专门机构对举报投诉内容进行调查处理的一系列政策、程序和方法。

（一）举报投诉要求

举报投诉是事业单位内部控制制度的一个重要环节，是直接依靠事业单位员工同贪污、贿赂、渎职、侵权等做斗争的一项重要工作。通过举报或投诉，查办部门或个人的违规行为，可保护事业单位利益不受侵犯，促进事业单位的健康发展。

《规范》要求：①建立举报投诉制度和举报人保护制度。②设置举报专线，明确举报投诉处理程序、办理时限和办结要求。③确保举报、投诉成为事业单位有效掌握信息的重要途径。

举报投诉制度和举报人保护制度应当及时传达至全体员工。

（二）举报投诉制度

举报投诉工作一般由审计委员会负责。其主要职责是：鼓励、宣传引导员工参与举报投诉；受理、管理、审查举报投诉的案件材料；开展奖励、保护举报人的工作。通过受理员工的举报，查办部门或个人的违规行为，保护事业单位利益，促进事业单位实现控制目标。举报工作应遵循下列原则：

（1）依靠员工、联系员工，实行专门工作；

（2）以事实为依据，以法律、事业单位规章制度为准绳；

（3）对举报投诉材料的核查要及时、有效；

（4）对举报人的情况，要严格保密；

（5）增强举报投诉工作的透明度，接受事业单位员工的监督。

（三）举报投诉的形式和处理程序

举报投诉的形式有来访、写信、电话、电子邮箱、事业单位的举报投诉信箱和举报人认为方便的其他形式。举报人在举报时可以使用真实姓名、所在部门和联系方法；也可以不公开姓名、部门和住址，遵从其个人意愿。但举报人不得捏造事实、伪造证据、诬告陷害他人。

举报投诉处理程序：接待和受理举报投诉—调查处理投诉案件—归档和结果。

（四）举报人保护制度

建立举报人保护制度是内部控制的一项重要内容，如果不对举报人实施保护，一旦举报人因举报而遭受打击报复，几乎所有潜在的举报人就会因害怕而失去举报的积极性，久而久之，举报投诉制度就会形同虚设，失去它应有的效力。因此保护好举报人是举报投诉制度有效运行的关键。为此，应关注以下几点：

（1）事业单位应制定严密的保护措施。保护措施包括事前、事中和事后保护。举报投诉人有权利用匿名方式举报，审计委员会不得披露举报人身份。收到举报时保护程序要开始启动。如果举报人因举报而将受到或已经受到重大暴力伤害或威胁，可以设立专门保护小组对举报人实行人身保护，紧急情况下可 24 小时保护。负有保护义务的部门由于失职或推诿而造成举报人伤亡的，应承担相应的责任。

（2）举报投诉人的权利。事业单位应保护举报人的劳动权和名誉权等权利。因举报事业单位违规行为而受到降职、停职、解雇、威胁、骚扰或以其他方式歧视的，员工有权向上级主管部门报告，并有权利要求恢复职务等级、补偿欠薪和利息，以及因歧视产生的精神损害。

（3）追究法律责任。举报人因举报遭到侮辱、诽谤，情节比较严重，可以考虑作为公诉案件，由有关国家机关侦查、起诉。对于损害举报人名誉，造成再就业困难，甚至无法在社会上立足的打击报复者进行刑事处罚，根据损害程度处以刑事罚款、短期徒刑和长期徒刑。

第六节　内部监督精解

内部监督是对内部控制整体运行情况进行跟踪、监测和调节，是内部控制的五大要素之一。《规范》要求：①应当根据基本规范及其配套办法，制定内部控制监督制度。②明确内部审计机构（或经授权的其他监督机构）和其他内部机构在内部监督中的职责权限，规范内部监督的程序、方法和要求。

内部监督是在尽可能不影响事业单位正常经营管理活动的情况下，对内部控制实施情况进行评价，及时纠正事业单位发生的错误和舞弊，将内部控制制度的缺陷和改进意见反馈给管理者，对发现的内部控制缺陷及时予以弥补。

一、内部监督制度

（一）内部监督分类及内容

《规范》指出：内部监督分为日常监督和专项监督。日常监督是指事业单位对建立与实施内部控制的情况进行常规、持续的监督检查；专项监督是指在事业单位发展战略、组织结构、经营活动、业务流程、关键岗位员工等发生较大调整和变化的情况下，对内部控制的某一或者某些方面进行有针对性的监督与检查。

内部日常监督包括：一是对内部控制制度的执行情况的监督，二是对内部控制采取的政策和措施的监督，并注意获取相关的证据。具体内容有：

（1）对内部控制的维护、变更、考评等活动进行监督，从而保证内部控制体系的有效运行。

（2）事业单位管理层搜集汇总各部门的信息所出现的问题，监督各方面的工作进展，相关职能部门进行自我检查、监督，确保内部控制体系的有效运行的记录。

（3）外部来自监管等部门的信息和来自客户信息的印证、事业单位通过各种方式与客户沟通、搜集客户信息、制定整改措施并监督措施的执行情况的资料。

（4）定期将会计记录的账簿、数据与实物资产进行核对，做到账与账、账与实物、账与报表等相符，做到信息真实可靠。

（5）事业单位对内部、外部审计提出问题及建议是否做出积极的响应，并根据实际情况做出整改方案，监督该方案的执行，使问题得到有效解决。

（6）管理层对内控执行情况的监督，可通过各种渠道如审计委员会关于接收、保留及处理各种投诉、举报及其保密性；管理层在会议及培训中了解的内部控制执行情况；管理层认真审核员工提出的各项合理化建议，并不断完善建议的情况；监督管理部门定期组织专项检查和调研，对发现问题提出的整改建议情况。

（7）监督内部审计的有效性。事业单位应制定内部审计规范，明确审计的范围、

责任和计划，并以此为基础合理配置审计人员，要求他们遵守职业道德规范及内部审计规则，审计部门应具有适当的地位并有足够的资源履行其职责；审计部门对管理中存在的薄弱环节及漏洞、违反国家法律法规的行为等，向管理层及时提出整改意见等。

通过上述各种渠道，监督事业单位内控制度设计的完整及有效性和运行有效性。

专项监督的范围和频率应当根据风险评 ft 结果以及日常监督的有效性等予以确定。

（二）内部控制评价程序和方法

1. 内部控制评价的程序

组建评价工作组，确定评价范围—现场测试或召开座谈会—分析数据或资料—报告评价结果—拟定改进建议。

2. 内部控制评价方法

评价方法实质是评价的工具和途径。

（1）内控制度调查法。它是利用内部调查，识别、考察内部控制各个要素的设置是否合理、规范是否健全、执行是否有力，并在工作底稿中准确、恰当地记录所获得的信息。有询问法、观察法、调查表法等。

（2）内部控制描述法。它是在调查基础上对内部控制制度的执行情况进行描述。有文字说明法、制表法、流程图法等。

（3）内部控制测试法。它是评价人员对事业单位的经营活动进行测试，获取内部控制制度的适用性和执行有效性，确认有关管理人员疏忽和不能实现目标的可能性。有会计资料检查法、重复执行法、实地观察法等。

（三）内部控制制度建设应关注的问题

事业单位在制定内部控制制度文件时，应注意以下几点：

1. 坚持实事求是及风险导向

要根据事业单位自身的经营特点、特有的风险和人员机构安排，从实际情况出发，全面考虑后，建立适合自身的内部控制制度，不能盲目照搬其他事业单位的现有制度。

2. 保证制度的可理解性

必须要让所有内部控制的参与者都能明白内部控制制度的要求，只有保证可理解性才能实现制度实施的效果。

3. 内部控制制度制定权的分配

事业单位各个部门都应建立自己的内部控制文件，事业单位高层管理者应将制定权分配到各部门，自己只掌握重要控制制度的制定和部门制度的审批权，这样才能发挥各部门的信息优势和管理积极性。

4. 注重对控制执行情况的监督与评估

事业单位内部审计等专门机构要定期或不定期地对各部门内部控制制度的执行情况进行考核。如果发现内部控制制度存在缺陷（无论是设计缺陷还是运行缺陷），应及时报告和修正。

5. 注意量与质的平衡

事业单位应当跟踪内部控制缺陷整改情况，并就内部监督中发现的重大缺陷，追究相关单位或者责任人的责任。

6. 在对内部控制进行自我评估时应特别考虑的问题

（1）自上次评估以来，重要风险的性质和程度所发生的变化，以及公司对这些商业风险和外部环境变化做出反应的能力。

（2）管理层对内部控制系统和风险持续监督的范围和质量，以及内部审计功能和其他保证方式的工作状况如何。

（3）就监督的结果与董事会交流的程度和频率，以便在公司内建立起累计评估体系，对内部控制状况及风险管理有效程度加以评估。

（4）期间内任一时间所确认的重大控制失败或弱点，及其所导致或可能导致的不可预见的结果及或有事项的程度，以及对公司财务状况和业绩产生的重大影响。

（5）公司公开报告程序的有效性。一旦知道内部控制中存在重大失败或弱点，董事会应明确这种失败或弱点是如何产生的，并对内部控制系统的有效性进行重新评估。

内部控制自我评估不仅仅是一种时尚，它也是两个较强趋势的组合，第一是内部审计师将在组织中充当顾问的角色，第二是内部控制将成为每个人自己的责任。内部控制自我评估对形成组织内部控制精神意义重大。

二、内控缺陷认定及防范

（一）内控缺陷的含义及认定

内部控制缺陷是指内部控制的设计存在漏洞，不能有效地防范错误与舞弊，或者内部控制的运行存在弱点和偏差，不能及时发现并纠正错误与舞弊的情况。

《规范》指出：内部控制缺陷包括设计缺陷和运行缺陷。事业单位应当追踪内部控制缺陷的整改情况,并就内部监督中发现的重大缺陷,追究相关责任单位或者责任人的责任。

《规范》要求:①应当制定内部控制缺陷认定标准;②对监督过程中发现的内部控制缺陷,应当分析缺陷的性质和产生的原因,提出整改方案;③采取适当的形式及时向董事会、监事会或经理层报告。

设计缺陷是指现行控制缺少为实现控制目标所必需的控制手段,或者现有控制设计不适当,即使正常运行也难以实现控制目标;运行缺陷是指设计适当的控制没有按设计意图运行,或者执行人员缺乏必要授权或专业胜任能力,无法有效实施控制。这些缺陷的存在严重影响控制目标的实现。

缺陷按其影响程度分为重大缺陷、重要缺陷和一般缺陷。重大缺陷是指内部控制中存在的、可能导致财务报告重大错报的一项控制缺陷或多项控制缺陷的组合;重要缺陷是内部控制中存在的,其严重程度不如重大缺陷,但足以引起事业单位财务报告监督人员关注的一项控制缺陷或多项控制缺陷的组合;一般缺陷是内部控制中存在的、除重大缺陷和重要缺陷之外的控制缺陷。以上定义在理论上讲很简单,但在实际工作中因对内部控制缺陷的影响程度没有定量的标准,操作上是比较难把握的,需要进行专业判断。

实践中很难判断事业单位到底存在哪些内部控制的缺陷,缺陷的严重程度又如何判断等,因此事业单位应结合自身的情况制定内部控制缺陷认定标准。最终应当由董事会认定。

(二)防范缺陷措施

事业单位内部控制缺陷可能从多个方面表现出来。因此,应时刻关注内部控制制度的有效运行,跟踪内部控制缺陷的整改情况,并就内部监督中发现的重大缺陷,追究相关责任单位或者责任人责任,落实问责制。为此需要采取以下政策与措施。

1. 制定缺陷报告管理制度

内部控制缺陷的信息来源于事业单位内部和外部,事业单位应具有敏锐的嗅觉,及时发现并报告,以确保管理层及内部控制部门能够有效整改、完善内部控制制度。为此应建立缺陷报告管理制度,明确报告的职责、报告的内容、报告缺陷的标准及报告程序;相关职能部门和单位定期与不定期地对内部控制执行情况进行自查及互查,对发现的问题进行记录并采取有效的措施,加以改进;事业单位汇集从外部获取的相关信息,分析、发现内部控制可能出现的缺陷,制定整改措施并监督该措施的执行情况;审计部门每年进行常规的审计和内部控制专项审计,根据发现的问题,查找内部控制方面存在的缺陷,提出改进和加强管理的建议;监管部门应通过信访受理,发现事业单位内部控制存在的问题并做出有效整改措施。

2. 完善缺陷报告机制

事业单位员工发现内部控制缺陷,不仅要向本组织的相关负责人报告,同时还要向直接负责人至少高一级的主管报告,以便采取有效的矫正活动。对于特殊和敏感的信息,事业单位应设置其他沟通渠道,确保信息畅通。为此,事业单位应制定重大、特大事件报告制度。相关单位发现内部控制问题或缺陷,应及时以书面的形式向主管上级报告。内部控制部门定期或不定期地汇报经营中新出现的风险,从而使事业单位管理层及时了解和掌握内控存在的缺陷。

3. 监督整改措施实施

对识别出来的缺陷和问题,应得到及时的改正,并追踪内部缺陷的改进情况。

为此,审议委员会对内部控制的调查结果和管理层的反馈进行研究分析;管理层指定相关部门对发现的内部控制缺陷进行调查、分析,提出整改意见,采取纠正措施,并监督措施的执行情况;监督管理部门通过实施信访机制、发现内部控制存在的缺陷和问题,进行适当的处理并采取改进措施;事业单位发生重大特大事故后,应配合相关部门调查,落实事故调查报告中的处理意见和防范的措施建议。内部控制部门负责跟踪检查内外审计师提出的管理建议和内部控制整改建议的实施情况。

通过上述措施可以及时发现内控存在的缺陷,及时采取有效的改进措施。

三、自我评价内部控制

《规范》要求:①应当结合内部监控情况,定期对内部控制的有效性进行自我评价,出具内部控制自我评价报告。②内部控制自我评价的方式、范围、程序和频率,由事业单位根据经营业务调整、经营环境变化、业务发展状况、实际风险水平等自行确定。

根据上述要求,事业单位应采取的政策和措施有以下四项:

1. 自我评价的范围和频率

事业单位应根据经营业务调整、经营环境变化、业务发展状况、实际风险水平等自行确定评价的方式、范围、程序和频率。

2. 自我评价过程

评价内部控制制度本身就是一个过程。评价者首先要了解每一控制要素的实施情况,了解制度的运行情况与原设计有否不同,有无变更,其变更是否恰当,进而比较设计与执行之间的差距,并确认控制制度对预定目标的达成是否能提供合理保障,从而得出评价结论。

3. 自我评价的方法

根据不同的对象采用不同的测试方法,常用的有个别访谈法、调查问卷法、专题讨论、穿行测试、实地检查法、抽样法及比较分析法等。

4. 自我评价文档记录

事业单位在评价过程中应当将评价的有关资料和书面记录,进行整理归档并妥善保管。

四、内控记录资料

《规范》要求：①应当以书面或者其他适当的形式，妥善保存内部控制建立与实施过程中的相关记录或者资料。②确保内部控制建立与实施过程的可验证性。

事业单位内部控制的建立与实施过程，以及监督评价都应有相关的记录与资料。以书面或其他适当形式妥善保存。内控重要文件和记录要由专人保管，无关人员不得随意接近或借用这些文件和记录，防止被篡改或弄丢文件和记录。另外，要慎重选择保管地点，能够防盗、防火、防水，避免文件和重要记录的丢失毁损。事业单位应当建立数据信息定期备份制度和数据处理的自动备份制度（交易日志），至少应当在远离计算机设备和操作的地方保存一套备份和交易日志，以备丢失或损坏后重建等。

内部控制是一个动态的过程，妥善保存内部控制建立与实施过程中的相关记录和资料，就是为了确保内控建立及实施过程的可验证性。这是内部监督、外部审计等的基础，内部控制建立实施过程中的相关记录及资料很多，除财务、业务、管理日常记录外，与其相关的记录或资料还有各类风险数据库、控制措施记录等。

第 五 章　事业单位内部控制诊断与测评

第一节　事业单位内部控制诊断与测评

一、内部控制诊断、测评的目的、依据及原则

（一）内部控制测评的目的

建立和健全内部控制是一项十分重要的工作，这不仅是财政部等五部委的强制要求，也是事业单位自身发展的需要。每个事业单位都有自己的发展战略和目标，健全、合理、有效的内控制度，为实现事业单位的战略和目标提供了合理保证。可以设想一个内部控制混乱无序的事业单位，不可能持续、健康、稳定地发展。内部控制诊断测评的目的就是对事业单位内部控制制度设计的有效性和执行的有效性，进行全面调查了解。明确内部控制现状，为建立和健全内部控制提供依据。

（二）内部控制测评依据

事业单位内部控制测评依据是《事业单位内部控制的基本规范》《中央事业单位全面风险管理指引》《深圳证券交易所上市公司的内部控制指引》《上海证券交易所上市公司内部控制指引》、会计准则及财会制度等。这些文件不仅对公司建立内部控制制度提出了具体要求，也为事业单位加强内部控制指明了方向，是测评事业单位内部控制的重要依据。同时在测评时，还要结合事业单位所处的行业特点、规模大小、工艺繁简以及产品市场等，才能取得较好的效果。

（三）内部控制测评原则

（1）全面性原则。内控测评应包括内部控制的设计与运行两方面，涵盖事业单位（包括所属单位）的各种业务和事项。

（2）重要性原则。测评工作应在全面测评的基础上，关注重要业务单位、重大业务事项和高风险领域。

（3）客观性原则。测评工作应当准确地揭示经营管理的风险状况，如实反映内部控制设计与运行的有效性。

二、内部控制诊断、测评的内容及标准

事业单位应当根据《规范》及应用指引，以及被评事业单位的内部控制制度，围绕内部环境、风险评估、控制活动、信息与沟通、内部监督等要素，确定内部控制评价的具体内容，对内部控制设计与运行情况进行全面评价。

（一）内部控制测评的内容

根据上述规定，测评事业单位内部控制的有效性至少应涉及下列内容：

（1）被测评单位的内部控制是否在风险评估的基础上，涵盖了事业单位层面的风险和所有重要业务流程层面的风险。

（2）被测评单位内部控制设计的方法是否恰当，内部控制建设的时间进度安排是否科学、阶段性工作要求是否合理。

（3）被测评单位内部控制设计和运行的组织是否有效，人员配备、职责分工和手段是否科学。

（4）被测评单位是否开展了内部控制自查，自查的情况及其改进措施是否上报有关部门。

（5）被测评单位是否建立了有利于促进内部控制各项政策或措施的落实和问题整改的机制。

（6）被测评单位在评价期间是否出现过重大风险事故等。

（二）内部控制测评标准

1. 内部控制测评的一般标准

它是指内部控制制度整体运行应遵循和达到的目标。包括设计有效性（即完整性及合理性）和运行有效性：

（1）内部控制制度完整性。它包括两方面内容：一是要求事业单位根据生产经营的需要，该设置的内部控制制度都已全面设置；二是要求对生产经营活动的全过程进行自始至终的控制。

（2）内部控制的合理性。合理性包括设计和执行的适用性与经济性，这其中适用性是首要的，因为内控制度只有适用事业单位的特点和要求才能发挥效能。

评价内部控制设计的有效性应关注：①控制点的设置是否合理；②是否存在不必要的过多控制点；③每个需要控制的地方是否都建立了控制环节；④控制职能及岗位是否划分清楚；⑤人员间的责任分工和牵制是否恰当等。

当然，内部控制的适用性还要以经济性为限制条件，应以成本效益原则为指导。否则，就得不偿失。

（3）内部控制运行有效性。是指内部控制制度得到有效执行。它是内控的精髓，如果内部控制不能得到有效执行，制度设计得再好也无实质意义。

评价内部控制有效性要点是：①内部控制制度不能与国家法令和法规相抵触；②能有效地防止错误与弊端的发生；③可促进经营效率与效果提高；④为资产安全、财务报告及相关信息真实完整提供合理保障。

它不仅要求从总体上看是有效的，而且还要看各项具体制度，是否有明确的目的并发挥其控制功能。任何制度都要适度，都要有利于管理者与员工的理解和执行。

为此要做到简明扼要、方便易行、讲究实效。过宽或过严都达不到控制的目的。

上述评价标准中，有效性以完整性与合理性为基础；完整性与合理性则以有效性为目的。三者必须有机地结合，才是实施内部控制的实质。

2. 内部控制测评的具体标准

具体标准是指应用于评价内部控制某一具体方面的标准，是具体内部控制制度运行应遵守和达到的目标。它分为内部控制要素评价标准和作业层级评价标准。但在测试评价时都需要有一个较为统一的评价标准，才能得出正确的结论。评价标准模式可以按控制目标、控制点和控制措施来设定。

（1）控制目标。是根据经济活动的内容、特点和管理要求设定的内部控制要实现的目标。

（2）控制点。是指经营活动中可能发生错弊的业务环节即为风险控制点，也称为内部控制点，如材料入库验收环节，容易发生错弊的关键环节。

（3）控制措施。它是为预防和发现错弊，在某一控制点所应用的各种控制措施等，如职务分离措施，采购人员不能同时又是验收人员。

（三）有效性测评应考虑重要因素

根据收集的证据及标准，判断相关控制的设计与运行是否有效。判断时应充分考虑的因素有：

（1）是否针对风险设置了合理的细化控制目标及控制点。

（2）是否针对细化控制目标设置了应对风险的策略及控制活动。

（3）相关的控制活动是如何运行的。

（4）相关控制活动是否得到了持续一致的运行。

（5）实施相关控制活动的人员是否具备必需的权限和能力。

同时，还应充分测评由于种种因素导致内部控制失效。如控制活动的复杂性、管理层的越权、所需的职业判断程度、控制活动的依赖性等。

三、内部控制诊断、测评的程序与方法

（一）内部控制诊断、测评的程序

诊断测评的程序一般包括：制订评价工作方案—组成评价工作组—搜集有关资

料—实施现场测试—认定控制缺陷—汇总评价结果编报评价报告等。可分为三个阶段工作。

1. 测评准备

该阶段的主要任务是制订诊断测评工作方案,组成测评小组。

工作方案主要包括:诊断测评范围、工作任务、人员组成、工作进度安排和费用预算等相关内容。事业单位内控部门应当根据经公司授权批准的诊断测评方案,组成内控测评工作小组,具体实施内控评价测评工作。

组成测评工作小组的要求:应吸收相关机构内熟悉内控情况的业务骨干参加。

2. 测评实施

诊断测评人员到现场搜集有关资料,综合运用个别访谈、调查问卷、专题讨论、穿行测试、实地查验、抽样和比较分析等方法,充分收集被测评单位内部控制设计和运行是否有效的证据,按照评价的具体内容,如实填写评价工作底稿,研究分析内部控制的缺陷,认定被评事业单位的内控缺陷。

3. 测评报告

评价工作小组通过全面符合和确认检查出来的各种内控问题,分析汇总评价结论,提出认定意见并编制评价报告。

评价报告应按内控要素进行设计,根据不同的目的确定不同的结构和内容。假如事业单位是为全面实施内部控制,做前期的调查摸底,把握现状,以便在建制中抓住重点,则报告着重描述事业单位当前有哪些要素存在严重不足及缺陷,以供建制参考;假如事业单位是上市公司,或已经进行过全面系统的内部控制建设,则测评报告应根据《事业单位内部控制评价指引》要求的"八项内容"组织撰写。同时还要考虑事业单位规模的大小、业务的繁简来确定不同的撰写内容。本书举例立足点是中型的初始进行内部控制建设的事业单位,内容较为简略。

对已建立完整的内控制度的评价,可参照本书第二十一章内容。

（二）内部控制诊断测评的相关说明

1. 拟订诊断测评方案

诊断测评前应拟订测评方案,明确诊断评价的目的、内容范围、方法、进度要求等,以及参与诊断测评的组成人员及分工,从而提高测评的科学性及有效性。

2. 设计诊断测评调查问卷

为了提高诊断测评调查的质量,可事先设计好诊断测评调查的内容及事项并列出表格,发给有关部门及个人进行测评。

3. 收集诊断测评资料

收集渠道有三方面:一是向被诊断测评单位有关人员和当事人,询问有关内部控制的状况。二是查阅被诊断测评单位有关内部控制的规章制度和文件资料。三是查阅被测评单位内部控制的审计报告和评价档案。

（三）内部控制诊断测评方式与方法

内部控制诊断测试、评价的方式可采用综合测试和分项测试。前者以棋盘式做支撑，进行逐项测评，最终求出综合评价。后者是按应用指引确定内控要素作为评价对象，逐项评价对要素风险的控制能力。然后根据赋予权重，测评出事业单位控制风险的综合能力，为事业单位管理当局实施风险应对与防范提供依据。

内部控制的测评方法多种多样，事业单位可根据具体测评对象灵活选用。测评人员根据公司批准的评价方案实施测试评价工作。在测评实施中合理、有效、全面收集该事业单位内控设计与业务运行中的内控是否有效的相关证据。可以综合运用以下方法：

（1）个别访谈法。是指测评人员单独与被调查对象所进行的访谈活动。具有保密性强、访谈形式灵活及调查效率高等特点。

（2）调查问卷法。是指测评小组设置问卷调查表，分别对不同层次的员工进行问卷调查，根据结果做相关评价。

（3）专题讨论法。是指通过召集与业务流程相关的管理人员，就业务流程的特定项目或具体问题进行讨论和评估的一种方法。

（4）穿行测试法。是指通过抽取某项业务全过程相关的文件、单据、资料等，了解评价整个业务流程的执行情况的评价方法。

（5）实地查验法。是指对该事业单位财产进行盘点、清查及出入库环节进行现场检验。

（6）现场观察法。是指测评人员深入该事业单位业务环节现场观察，查验业务流程是否按内控要求运行。

（7）抽样法。是指测评人员对关键业务流程，根据该流程风险的高低，从确定的总体样本中抽取一定比例的业务样本进行验证。

（8）比较分析法。是指测评人员通过对所获取的事业单位各项经营数据进行分析，比较数据间的关系、趋势或比率来求证评价证据的有效性。

四、内控诊断、测评计分方法及等级认定

根据"基本规范"的规定，内部控制测评系统包括三个层面：第一层面是内部控制五大要素，第二层面是重要业务活动与业务流程，第三层面是支持内部控制的各项规章制度及标准。调查测评重点是前两个层面的内部控制状况。

（一）计分方法

计分方法采用百分制。如被评价的每一要素最高100分，最低20分，然后根据各要素在经营中的地位和作用分别赋予不同权重，最后计算测评总体得分。

（二）评价等级标准

根据测评的结果，事业单位的内部控制状况，可分为优（A）、良（B）、中（C）、差（D）、很差（E）五级。

（三）内控缺陷认定

内部控制缺陷包括设计缺陷和运行缺陷。按缺陷影响程度分为重大缺陷、重要缺陷和一般缺陷。重大缺陷是指一个或多个控制缺陷的组合，可能导致事业单位严重偏离控制目标。重要缺陷是指一个或多个控制的组合，其严重程度和经济后果低于重大缺陷，但仍有可能导致事业单位偏离控制目标。一般缺陷是指除重大缺陷、重要缺陷之外的其他缺陷。

第二节　运用综合评价方式诊断测评事业单位管控风险的能力

一、综合评价方式概述

为了改进经营管理、强化内部控制、完善风险管理，需要对风险管控的现状进行调查诊断。弄清内部控制及风险管控的现状，明确存在哪些薄弱环节，才能做到有的放矢。诊断评价方法一是从"业务单元"入手，运用评价要素评价对每一业务单元风险的管控能力。二是从"评价要素"入手，评价每一管控要素管控风险的能力。然后加总测出事业单位整体管控风险的能力，并通过"棋盘式坐标图"列示，诊断评价事业单位管控风险的能力。

为确保评价做到全面、具体、客观、公正，首先要确定评价对象和评价要素；其次要根据各评价对象、评价要素的作用大小及发生频率，分别确定其权重；最后确定评价的计量方法。从而把握事业单位内部管控风险的现状、明确存在缺陷，实现诊断评价目的，为建立和健全内部控制制度、加强风险管理、防范风险产生提供依据。

对风险管控现状的评价应从三方面入手：一是评什么，二是用什么评，三是怎样评。前者要解决的是评价对象，事业单位经营风险主要体现在事业单位经营过程中的各"业务单元"，故应以"业务单元"作为评价对象。"用什么评"就是要确定哪些管控因素对风险的发生产生影响或发生制约，称为管控因素或评价因素。"怎么评"主要采用定性与定量相结合的等级评价法，并以棋盘式评价表作支撑。

二、评价对象及权重的设定

（一）评价对象设定

评价对象是指被评价的"业务单元"。一个单位确定多少业务单元，应根据事业单位的规模大小、所处环境、经营性质、业务的繁简而定。

（二）评价对象权重设定

因为每一"业务单元"的具体业务内容及其在经营管理中的地位及作用有所不同，应分别给予不同的权重。权重如何设置应根据事业单位的特点及业务单元的具体情况而定，但所有评价对象权重的最终合计必须是"100"。

三、控制（评价）要素及权重设定

（一）控制（评价）要素设定

控制（评价）要素是指从哪几个方面来评价管控"业务单元"风险的能力，故也称为风险管控能力评价要素。根据"业务单元"的内涵及其在生产经营中的作用，评价要素可多可少。兴运电子公司的评价要素设定为6项，各项控制（评价）要素的含义介绍如下：

（1）授权。指该项业务单元（即评价对象）的职责、权限、应完成的任务及目标等，是否授给某部门、员工具体负责。既包括对总业务的授权，也包括对某一项具体业务授权。被授权者是否有胜任能力。如合同管理，谁负总的责任，某一项具体业务合同又由哪个人去负责，都应授权，而且要求做到授权明确、内容清楚、要求具体等。它是实施风险管理的前提。

（2）职责。指被授权的"业务单元"的业务内容、目标要求、职责权限、潜在风险以及防范措施等是否明确。它是实施风险管控的重要条件。

（3）规范。指与业务单元"相关的规章制度、业务流程是否完善，关键风险点是否明确，相吴的规定是否全面具体，防范风险的措施与方法是否切实可行等。它是实施风险管控的基础。

（4）执行。指对规章制度贯彻、业务流程的遵循、执行是否有力，控制风险采取的措施与方法是否实施有效，执行效果是否良好等。它是风险管控的关键环节。

（5）痕迹。对制度、流程的执行过程、执行中遇到的问题、问题的解决办法、处理的效果等，是否客观如实地加以全面地记录与报告等。它是记载风险管控过程的足迹。

（6）监推。对该"业务单元"涉及的责任者的行为过程及其执行结果，是否有人进行监督或检查及考评。监管与推动是否有力、考核是否科学、奖惩是否到位等。它是风险管控的推动力。

（二）控制（评价）要素权重设定

由于各项控制（评价）要素在经营管理中所处的位置不同，发挥的作用各异。为正确评价对"业务单元"潜在风险的管控能力，可根据控制（评价）要素的功能、重要性及其事业单位特点，分别给予不同的权重。如兴运电子公司其控制（评价）要素的权重，分别是：授权"10"、职责"15"、规范"25"、执行"25"、痕迹"15"、监推"10"，总计100。

（三）控制（评价）要素计分方法

控制（评价）要素即风险管控能力要素，是评价每一"评价对象"风险管控能力大小依据，需要从6个控制要素方面分别进行评价。然后加总求和，求出综合评价得分。形成对"业务单元"风险管控能力的评价结果。

具体方法是：单项控制要素计分是根据它对控制风险作用的大小，分别按：优、良、中、差、极差五级计量。计分标准是：最高为优，计5分，良计4分，中计3分，差计2分，最低为极差，计1分。根据对各业务单元风险管控能力的评价结果，分别填入"事业单位风险管控能力评价表"。

四、从业务单元入手，评价事业单位管控风险的能力

诊断测评事业单位管控风险的能力，应首先测量、分析、评价事业单位对各"业务单元"潜在风险的管控能力。然后加总求和计算出全部"业务单元"潜在风险的综合管控能力。评价步骤如下：

（一）单项"业务单元"风险管控能力评定

单项业务单元潜在的风险是否发生或发生概率大小。取决于管控风险能力的制约程度，即评价6要素在日常管控风险过程中发挥作用的大小。因此，需要对控制该"业务单元"风险的6项管控要素测评的得分进行加和，然后换算为"百分制"得分，即为该业务单元风险的管控能力。

1.单项业务单元风险管控能力得分

采用百分制计量。

2.单项"业务单元"风险管控能力评级

它是根据各业务单元风险管控评价得分后按"5级制"评定各业务单元风险管控能力的等级。其中：86分及以上为"优"、66~85分为"良"、46~65分为"中"、26~45分为"差"、25分及以下为"极差"。如"采购管理"风险控制能力评为63分。根据以上标准，控制采购风险的能力评定为"中"级。

从测评的结果可以看出，分数越高，表明控制风险的能力越强，相对应的该"业务单元"风险发生的可能性就会少。相反"业务单元"风险发生的可能性就会多。可见，它揭露出事业单位对"业务单元"风险管控的薄弱环节，给风险管控者以明确的提示，为加强风险管控，实施资源配置等指明了方向及重点。

（二）全部"业务单元"风险的综合管控能力评定

它是在单项"业务单元"风险管控能力评价的基础上。通过加总求和，计算出事业单位对全部业务单元风险的综合管控能力。但是应该明白不同的业务单元，在事业单位的经营活动中其作用和地位是不同的，因此需要考虑各业务单元的"权重"因素。

第三节　运用个别评价方式测试评价内控状况

运用个别评价方法对事业单位内部控制状况进行诊断与评价,有利于发现内控制度设计是否完善,执行是否有效,从而拟订措施自我完善与提高。现根据《规范》要求,分别对内部环境、业务活动及控制手段的现时状况,进行调查、诊断测试与评价。

一、内部环境风险控制状况调查、诊断、测试与评价

事业单位内部环境是一个有机系统,系统内部各要素间相互联系、相互影响。判断一个事业单位的内部控制系统是否健全有效,首先要看内部环境要素是否有效地发挥其功能。

事业单位组织开展内部环境评价,应当以组织架构、发展战略、人力资源、事业单位文化、社会责任等应用指引为依据,结合本事业单位的内部控制制度,对内部控制环境的设计及实际运行情况进行认定和评价。

二、业务活动内部控制状况调查、诊断、测试与评价

业务活动内部控制能力测评,就是对主要业务活动中潜在风险的管理与控制现状进行调查、诊断与评价,包括对风险评估机制的评价和实施控制活动的评价。因为这两项要素均体现在事业单位各项经营业务活动之中,因此对各项业务活动风险管控状况进行评估时,应紧紧把握两项要素的内容。

事业单位开展控制活动评价,应以《规范》和各项应用指引中的控制措施为依据,结合本事业单位的内部控制制度,对相关控制措施的设计和运行情况进行认定和评价。

(一)资金活动内控状况调查与评价

事业单位的资金活动包括筹资活动、投资活动和资金营运。筹资是指事业单位为了满足生产经营发展需要,通过银行借款和发行债券、股票等进行筹措资金的活动。投资主要指长期股权投资,资金营运主要指货币资金。

(二)采购业务内控状况调查与评价

采购业务应当集中,避免多头、分散采购,采购人员应定期岗位轮换,重要和技术较强的采购,应组织相关专家论证,并实行集体决策和审批。

(三)销售业务内控状况调查与评价

事业单位应当加强市场调查,合理确定定价机制和信用方式,并根据市场变化及时调整销售策略,灵活运用销售折扣、销售折让、信用销售、代销和广告宣传等多种策略和营销方式,促进销售目标实现,不断提高市场占有率。

三、控制手段运用状况调查、测试与评价

控制手段包括全面预算控制、合同或担保控制、内部信息传递和信息系统。

（一）全面预算内控状况调查与评价

事业单位应当建立和完善预算编制工作制度，明确编制依据，编制程序、编制方法等内容，确保预算编制依据合理、程序适当、方法科学、避免预算指标过高或过低。

1. 全面预算内控状况调查测评

全面预算内部控制状况调查可采用调查、访问、抽查测试等方法。现将调查测评主要内容列示如下，问卷以外的影响事项可用文字说明。

第六章　财务报告内部控制指引

第一节　财务报告概念、风险与内控要求

财务报告是事业单位向社会提供财务信息的法定文件,法规性要求高、潜在风险大,必须高度重视,做到真实、完整。

一、财务报告的概念及控制目标

（一）财务报告的概念及意义

《指引》指出:财务报告是反映事业单位某一特定日期财务状况和某一会计期间经营成果、现金流量的文件。

这一概念说明:①财务报告的主体是事业单位;②是事业单位对外提供的文件;③是反映事业单位某一特定日期的财务状况、某一会计期间的经营成果和现金流量。

加强财务报告内部控制:①有助于提高会计信息质量、确保真实完整;②有助于防范和化解事业单位法律责任,确保财务报告合法合规;③有助于分析事业单位经营管理状况,充分有效利用财务报告。

（二）财务报告控制目标

财务报告控制的目的是规范事业单位财务报告,保证财务报告的真实、完整,规避事业单位的法律风险。

财务报告控制的目标是遵照会计准则及有关规定,及时正确、内容完整、格式合规地编制报财务报告,充分利用财务报告分析,规避事业单位风险,提高事业单位效益。

二、财务报告潜在风险

《指引》指出:事业单位编制、对外提供和分析利用财务报告,至少应当关注下列风险。

（1）编制财务报告违反会计法律法规和国家统一的会计准则制度,可能导致事业单位承担法律责任和声誉受损。

（2）提供虚假财务报告,误导财务报告使用者,造成决策失误,干扰市场秩序。

（3）不能有效利用财务报告,难以及时发现事业单位经营管理中存在的问题,可能导致事业单位财务和经营风险失控。

三、财务报告内控总体要求

《指引》要求,事业单位应当严格执行会计法律法规和国家统一的会计准则制度,加强对财务报告编制、对外提供和分析利用全过程的管理,明确相关工作流程和要求,落实责任制,确保财务报告合法合规、真实完整和有效利用。

总会计师或分管会计工作的负责人负责组织领导财务报告的编制、对外提供和分析利用等相关工作。

事业单位负责人对财务报告的真实性、完整性负责。

第二节　财务报告编制风险控制

财务报告编制是事业单位对外提供财务信息的首要环节,对保证报告真实完整、规避报告风险至关重要。

一、财务报告编制的主要风险

财务报告编制环节的主要风险有:

(1)会计政策未能有效更新,不符合有关法律法规;

(2)重要会计政策、会计估计变更未经审批,导致会计政策使用不当;

(3)会计政策未能有效贯彻、执行;

(4)各部门职责分工不清,导致数据传递出现差错、遗漏和格式不一致等;

(5)各步骤时间安排不明确,导致整体编制进度延后,违反相关报送要求。

二、风险应对措施

《指引》提出的基本要求:事业单位编制财务报告,应当重点关注会计政策和会计估计,对财务报告产生重大影响的交易和事项的处理应当按照规定的权限和程序进行审批。

事业单位在编制年度财务报告前,应当进行必要的资产清查、减值测试和债权债务核实。

为了正确理解上述要求应搞清下列相关概念。

会计政策,是指事业单位在会计核算时所遵循的具体原则以及会计所采纳的具体会计处理方法。具体原则是指事业单位按照国家统一的会计核算制度所制定的、适合于本事业单位的会计制度中所采用的会计原则。具体会计处理方法是指事业单位在会计核算中,从诸多可选择的方法中选择适合于本事业单位的会计处理方法。

会计估计,是指会计对其结果不确定的交易或事项以最近可利用的信息为基础所做的判断。

为防范财务报告风险,在编制会计报表时应关注以下几点。

（一）财务报告的编制要规范

《指引》要求：事业单位应当按照国家统一的会计准则制度规定，依据登记完整、核对无误的会计账簿记录和其他有关资料编制财务报告，做到内容完整、数字真实、计算准确，不得漏报或随意进行取舍。

（1）关注会计政策和会计估计。事业单位的会计政策和会计估计要符合国家会计法规和监管的有关规定，还要结合事业单位自身实际情况制定，如发现矛盾应及时调整；会计政策和会计估计的调整需要按照规定的权限和程序审批。事业单位内部会计规章制度至少要经财务部门负责人审批后生效。财务报告流程年报编制方案应经公司主管财务负责人审核批准。

（2）关注重大影响的交易和事项。影响会计报表的重大交易和事项（如债务重组、非货币性交易、公允价值的计量、收购兼并、资产减值等），应明确授权和处理流程，报适当管理层审批后予以执行。不得任意处理。

（3）关注资产清查和债务核实。《指引》要求事业单位在编制会计报表前应进行必要的资产清查、减值测试和债权债务核实，做到账实相符。它是确保财务报告真实可靠、内容完整、计算准确的基础。否则可能出现漏报、重报或任意取舍。

（二）财务状况的列示要真实可靠

《指引》要求：事业单位财务报告列示的资产、负债、所有者权益金额应当真实可靠。

为防范财务状况报表风险，《指引》对负产、负债及所有权计价提出了严格要求。

（1）各项资产计价方法不得随意变更，如有减值，应当合理计提减值准备，严禁虚增和虚减资产。

（2）各项负债应当反映事业单位的现时义务，不得提前、推迟或不确认负债，严禁虚增或虚减负债。

（3）所有者权益应当反映事业单位资产扣除负债后由所有者享有的剩余权益。由实收资本、资本公积、留存收益等构成。事业单位应当做好所有者权益保值增值工作，严禁虚假出资、抽逃出资、资本不实。

上述要求对防范报表舞弊具有针对性和现实性，事业单位应认真执行。

《指引》要求：事业单位财务报告应当如实列示当期收入、费用和利润。

（三）经营成果的列示要真实完整

为防范经营成果表风险，《指引》列示了以下具体要求。

（1）各项收入的确认应当遵循规定的标准，不得虚列或者隐瞒收入，推迟或提前确认收入。

（2）各项费用、成本的确认应当符合规定，不得随意改变费用、成本的确认标准和计量方法，多列、不列或者少列费用、成本。

（3）利润由收入减去费用后的净额、直接计入当期利润的利得和损失等构成。不得随意调整利润的计算、分配方法,编造虚假利润。

上述规定对收入、费用、利润的确认与计量提出了严格要求,可以减少事业单位的随意性,对防范利润表的舞弊行为具有重要意义。

（四）现金流量列示要_划清界限

《指引》要求:事业单位财务报告列示的各种现金流量由经营活动、投资活动和筹资活动的现金流量构成,应当按照规定划清各类交易和事项的现金流量的界限。

为防范现金流量表的风险,现金流量表的编制应遵循《事业单位会计准则第31号——现金流量表》(以下简称《会计准则》)及应用指南的相关规定。现金流量表是按收付实现制编制的,资产负债表和利润表是按权责发生制编制的。通过现金流量能够帮助事业单位及时了解现金流向、现金充足性、偿债能力及收益质量等情况,从而制定有效的管理策略,提高事业单位经营效率和效果,促进经营战略目标的实现。

（五）报表附注应说明报表中相关事项

《指引》指出:附注是财务报告的重要组成部分,对反映事业单位的财务状况、经营成果、现金流量的报表中需要说明的事项,做出真实、完整、清晰的说明。事业单位应当按照国家统一的会计准则编制附注。

《会计准则》要求,附注应对事业单位债权、债务及资产的构成,事业单位担保、诉讼、未决事项、资产重组等重大或有事项,关联方及关联交易等做出真实、完整、清晰的说明。为报告使用者提供翔实的资料。

《指引》要求:①事业单位集团应当编制合并财务报表;②明确合并财务报表的合并范围和合并方法;③如实反映事业单位集团的财务状况、经营成果和现金流量。

（六）合并会计报表应关注合并范围及方法

合并报表编制的范围应该以控制为基础,抵销公司内部交易,反映整个集团的财务报告。控制是指一个事业单位能够决定另一个事业单位的财务及经营政策,并能据以从另一个事业单位的经营活动中获取利益的权利。公司应当及时归集、整理、合并抵销基础事项和数据,编制合并抵销分录,并依据纳入合并范围的子公司之间的内部交易及往来对账结果,经核实无误后进行编制,并保留合并报表的书面记录。

（七）计算机技术应用要充分

《指引》指出:①事业单位编制财务报告,应当充分利用信息技术,提高工作效率和工作质量;②减少或避免编制差错和人为调整因素。

通过上述措施可以有效地防范财务报告的风险,提高财务信息质量。但是还应注意财务报告是由财会人员编制的,提高财务人员的业务水平及责任感、确定报表编制流程、明确编制分工进度、实施相互核对等,也是防范风险的一项有效的重要措施。

第三节 财务报告对外提供风险控制

财务报告对外提供是报告的最后环节,事业单位领导层把好关非常重要。

一、财务报告对外提供潜在风险

这一环节的主要风险有:

(1)对外提供报告的编制基础、编制依据、编制原则和方法不一致,可能导致财务报告漏报、错报及欺诈,不能做到真实及完整。

(2)由于会计核算等原因,未能及时对外提供财务报告,可能导致违反法规规定,降低财务报告信息使用价值,影响事业单位信誉。

(3)财务报告在对外提供前泄露财务信息,或使不应知晓的对象获悉,可能导致内部交易发生等,使公司或投资者蒙受损失。

(4)审计机构不符合相关法律法规的规定,或审计机构与事业单位串通作弊,可能导致被监督机构审查或社会监督者揭露,受到违规惩罚。

二、财务报告对外提供的要求

(1)报告提供时间要求。

《指引》要求:事业单位应当依照法律法规和国家统一的会计准则制度的规定,及时对外提供财务报告。

事业单位会计制度规定,事业单位对外提供报告的期限是:月度报告应于次月 6 日内;季度报告应于次季 15 日内;半年度报告应于期满后 60 日内;年度财务报告应于次年 4 个月内。

(2)报告报送形式要求。

《指引》要求:事业单位财务报告编制完成后,应当装订成册加盖公章,由事业单位负责人、总会计师和分管会计工作的负责人、财会部门负责人签名并盖章。

(3)报告报送基本要求。

《指引》要求:财务报告须经注册会计师审计的,注册会计师及其所在的事务所出具的审计报告,应当随财务报告一并提供。事业单位对外提供的财务报告应当及时整理归档,并按有关规定妥善保存。

三、财务报告对外提供风险的应对

(1)完善财务报告编制的基础。报送会计报表中的问题,大都发生在编制过程,遵照有关法规的规定及要求,认真负责地编制财务报告,是防范报告风险的基础。

（2）从制度中明确对财务报告的监督。财务报告对外提供的对象或监督部门，应在相关文件中予以规定，并由事业单位负责人监督。如国有事业单位的财务报告应定期向监事会提供。每年至少一次在事业单位的职工代表大会公布。上市公司的财务报告须经董事会、监事会审核通过后向社会提供。

（3）认真履行财务报告的审批程序。财务报告从编制者—财会部门负责人审核—总会计师或分管会计工作的负责人审核 - 事业单位负责人审核，并签字盖章后报出。各环节的负责人都能对报告内容的真实性、完整性、格式的合规性负责，发挥审核监督的职责，就可避免或减少报告风险。

（4）事业单位应制定严格的保密程序。对能接触财务报告信息的人员进行权限设置，保证财务报告信息在对外提供前控制在适当的范围，并对财务报告信息的访问情况予以记录，以便掌握情况及时发现可能的泄露行为，有利于泄露后追查责任。

第四节　财务报告分析利用

对财务报告提供的数据进行加工分析是财务管理的一项重要工作，它可以发现问题、提出改进建议、有效利用事业单位资源、增加事业单位效益。

一、财务报告分析风险及控制

该环节的主要风险是：财务分析制度不符合事业单位的实际情况，财务分析流于形式，未突出事业单位经营中重大事项、未充分利用事业单位现有的资源，财务分析流程、要求不明确，财务分析制度未经审批等。

二、财务报告分析利用的要求

（一）建立财务报告分析制度

《指引》要求：事业单位应当重视财务报告分析工作，定期召开财务分析会议，充分利用财务报告反映的综合信息，全面分析事业单位的经营管理状况和存在的问题，不断提高经营管理水平。

（1）财务报告分析制度内容。它包括：定期召开分析会议、明确财务报告分析的组织形式，确定分析方法和指标体系、分析报告撰写及报送等。并报经有关领导批准，列入业务流程。

事业单位财务分析会议应吸收有关部门负责人参加，总会计师或分管会计工作的负责人应当在财务分析和利用工作中发挥主导作用。

（2）财务报告分析的方法。有定性和定量两类，常用定量方法有比较分析法、比率分析法、因素分析法及趋势分析法等。

（3）财务报告分析指标体系。事业单位应建立一套适合本事业单位的指标体系。既有定量指标,也有定性指标,才能全面系统地反映事业单位的经营状况、潜在风险及持续发展能力。常用的财务报告评价的定量指标有:盈利能力、偿债能力、资产运营能力、发展能力、社会贡献、净资产收益率、经济增加值等;定性指标有:经营者及职工素质、产品市场占有率(服务满意度)、内部财务控制的有效性、发展创新能力等。定性指标需要通过主观分析得出判断结果。事业单位可结合自身的特点组成具有全面、系统及内在联系的指标体系,如所有者权益收益率分析指标体系、杜邦财务分析指标体系。

通过财务报告分析事业单位领导可全面了解事业单位经营管理现状和存在问题,寻找问题产生根源,拟定应对措施,改进经营管理,充分利用事业单位资源,促进经营目标的实现。

（二）财务状况报表分析

《指引》要求事业单位:①应当分析事业单位的资产分布、负债水平和所有者权益结构;②通过资产负债率、流动比率、资产周转率等指标分析事业单位的偿债能力和营运能力;③分析事业单位净资产的增减变化,了解和掌握事业单位规模和净资产的不断变化过程。

通过分析上述指标现状及过去,可全面、系统把握事业单位的财务状况及偿债能力。了解事业单位规模及净资产的变化过程。

（三）经营成果报表分析

《指引》要求:事业单位应当分析各项收入、费用的构成及其增减变动情况,通过净资产收益率、每股收益等指标,分析事业单位的盈利能力和发展能力,了解和掌握当期利润增减变化的原因和未来发展趋势。

通过分析上述指标,可了解和掌握事业单位经营成果的形成,收入、费用的构成,当前的水平,变化的原因,未来的趋势。

（四）现金流量报表分析

《指引》要求:事业单位应当分析经营活动、投资活动、筹资活动现金流量的运转情况,重点关注现金流量能否保证生产经营过程的正常运行,防止现金短缺或闲置。

通过分析上述指标,可了解和掌握事业单位现金在经营活动、投资活动和筹资活动之间流动状况及能否正常运行,使现金得到充分利用。

（五）财务报告分析利用

《指引》指出:事业单位定期的财务分析应当形成分析报告,构成内部报告的组成部分。财务分析报告结果应当及时传递给事业单位内部有关管理层级,充分发挥财务报告在事业单位生产经营管理中的重要作用。

要充分发挥财务报告分析的作用,在撰写报告分析中应关注以下三点。

（1）重点突出。财务分析涉及事业单位的方方面面，指标可多达上百个。因此，分析一定要明确目的，突出重点，针对报告反映的当前经营活动偏离目标的重大事项进行分析，充分发挥"听诊器"、"显微镜"的功能，找出问题症结，指出产生原因、说明改进措施。

（2）及时准确。事业单位经济瞬息万变，财务分析必须及时准确地为抓住机遇、规避风险、改善经营管理提出建议，及时报送有关部门，充分发挥财务分析功能，否则时过境迁其作用将大打折扣。

（3）落实整改。经领导审批的财务分析报告，应及时传递给有关部门。各部门负责人应当根据分析的结果及提出的改进建议，研究本部门的整改落实策略及措施。财务部门应跟踪、监控责任部门的改进落实情况，并及时向有关负责人反馈落实情况。经营中发生的资金问题，财务部门应积极地协助解决，促进目标的完成。

第五节　财务报告内部控制实例

一、财务报告控制目标、风险及流程

财务报告包括财务报表及附注，是公司对外提供的具有法律责任的财务信息，必须真实、完整。

规范公司财务管理行为，保证财务报告的真实、完整，从而为后续的财务分析提供数据；理顺公司财务与管理层渠道，量化与分析事业单位财务信息，为管理者提供经营决策的专业支持，控制与防范事业单位的经营风险；及时披露公司管理与经营状态，为股东方提供真实有效的财务信息。

二、财务报告内部控制自我评价

公司结合内部监督情况，定期对内部控制的有效性进行自我评价。内部控制自我评价的方式、范围、程序和频率，由公司根据经营业务规模、经营环境变化、业务发展状况、实际风险水平等确定。

第七章 采购业务内部控制指引

《事业单位内部控制应用指引第 7 号—采购业务》(以下简称《指引》)界定了采购业务的定义,描述了采购业务中的风险,提出了购买、付款业务的控制措施。明确了指引制定目的是促进事业单位合理采购、满足生产经营需要、规范采购行为、防范采购风险。

第一节 采购业务概念、风险与内控要求

一、采购概念与控制目标

(一)采购概念

《指引》指出:"采购是指购买物资(或接受劳务)及支付款项等相关活动。"采购涉及物资(或劳务)需求与审批、选择供应商、签订购销合同,物资(或劳务)的采购与验收、付款等行为,以及退货索赔等。它是生产经营的首要环节,是将货币资金转变为实物资产(或劳务)的关键环节,其采购成果的优劣对事业单位的效益影响极大。

(二)采购管控目标

(1)确保采购业务按规定的程序和授权进行,实现按品种、数量、质量的要求采购。确保满足生产经营需要的预期采购目标。

(2)确保采购业务按会计准则要求进行核算,防范差错和舞弊,做到账实相符、信息正确。

(3)确保采购、招标、付款及合同签订等符合国家法规,货款结算符合财税的有关规定。

二、采购业务风险

(一)采购主要风险

《指引》第三条指出,事业单位采购业务至少应关注下列风险:

(1)采购计划安排不合理,市场变化趋势预测不准确,造成库存短缺或积压,可能导致事业单位生产停滞或资源浪费。

(2)供应商选择不当,采购方式不合理,招投标或定价机制不科学,授权审批不规范,可能导致采购物资质次价高,出现舞弊或遭受欺诈。

（3）采购验收不规范、付款审核不严，可能导致采购物资、资金损失或信用受损。

（二）采购一般风险

（1）采购行为违反国家法律、法规和事业单位制度规定，可能遭受外部处罚，导致经济和信誉损失。

（2）采购计划/采购合同未经适当审批或审批不严，可能因重大差错、舞弊、欺诈等而导致损失。

（3）请购依据不充分、盲目采购、相关审批程序不规范，可能导致资产损失、

资源浪费或发生重大差错及舞弊行为。

（4）验收程序不规范、验收人员不认真，可能导致账实不符，以次充好，影响产品质量，造成资产损失。

三、内控基本要求

《指引》第四条对采购业务内部控制提出四个方面的基本要求：

（1）制度方面：事业单位应当结合实际情况，全面梳理采购业务流程，完善采购业务相关管理制度。

（2）职责方面：事业单位应当统筹安排采购计划，明确请购、审批、购买、验收、付款、采购后评估等环节的职责和审批权限。

（3）执行方面：事业单位应当按照规定的审批权限和程序办理采购业务。

（4）监督方面：事业单位应当建立价格监督机制，定期检查和评价采购过程中的薄弱环节，采取有效控制措施，确保物资采购满足事业单位生产经营需要。

第二节　采购业务风险控制

一、采购阶段主要风险

采购阶段主要风险是：采购计划违背实际要求，与生产经营计划不协调，合同价格不合理，造成库存积压或短缺，影响事业单位效益。

二、采购阶段风险控制

针对采购风险，《指引》对购买业务提出八项管理要求：

（一）确定购买职责与权限

①事业单位的采购业务应相对集中，避免多头采购和分散采购。以提高采购业务效率，降低采购成本，堵塞管理漏洞。②事业单位应当对办理采购业务的人员定期进行岗位轮换，重要和技术上较强的采购业务，应当组织相关专家进行论证，实行集体决策和审批。何为重要和较强的采购业务？由事业单位自行确定。③事业单位除小额零星物资或

服务外，不得安排同一机构办理采购业务全过程。这是内控制度职责分工要求，以防止人为舞弊。

（二）建立采购申请制度

（1）事业单位应当建立采购申请制度，依据购买物资或接受劳务的类型，确定归口管理部门，授予相应的请购单，明确相关部门和人员的职责权限及相应的请购和审批程序。

（2）事业单位可以根据实际需要设置专门的请购部门，对需求部门提出的采购需求进行审批，并进行归类汇总，统筹安排事业单位的采购计划。

（3）具有请购权的部门对于预算内采购项目，应当严格按照预算执行进度办理请购手续，并根据市场变化提出合理采购申请。对于超预算和预算外采购项目，应先履行预算调整程序，由具备相应审批权限的部门和人员审批后，再进行办理请购手续。

（三）选择/评估供应商

（1）事业单位应当建立科学供应商评估和准入制度，确定合格供应商清单，与选定的供应商签订质量保证协议，建立供应商管理信息系统。

（2）对供应商提供物资和劳务的质量、价格、交货及时性、供货条件及其资信、经营状况等进行实时管理和综合评价，根据评价结果对供应商进行合理选择和调整。

事业单位可委托具有相应资质的中介机构对供应商进行资信调查。确保供应商资信真实可靠。

（四）选择采购方式

事业单位应当根据市场情况和采购计划合理选择以下三种采购方式：

①大宗采购应当采用招标方式，合理确定招投标的单位、标准、实施程序和评价规则；②一般物资和劳务等的采购，可以采用询价或定向采购的方式并签订合同协议；③小额零星物资或劳务等的采购可以采用直接购买等方式。

对因紧急情况，需要以最快的速度使采购物资或劳务到位的，事业单位应明确在临时性、突发性需要时可以采用临时性采购。

（五）确定采购定价机制

①事业单位应当建立采购物资定价机制，采取协议采购、招标采购、谈判采购、询比价采购等多种方式合理确定采购价格，最大限度地缩小市场变化对事业单位采购价格的影响。②大中采购等应当采用招标方式确定采购价格，其他商品或劳务的采购，应当根据市场行情制定最高采购限价，并对最高采购限价适时调整，以缩小市场变化对事业单位采购价格的影响。

（六）采购协议/合同风险控制

（1）事业单位应当根据确定的供应商、采购方式、采购价格等情况拟订一采购合同，准确描述合同条款，明确双方权利、义务和违约责任，按照规定权限签订采购合同。

（2）事业单位应当根据生产建设进度和采购物资特性，选择合理的运输工具和运输方式，办理运输、投保等事宜。

（七）采购验收风险控制

（1）事业单位应当建立严格的采购验收制度，确定检验方式，由专门的验收机构或验收人员对采购项目的品种、规格、数量、质量等相关内容进行验收，出具验收证明。涉及大宗和新、特物资采购的，还应进行专项测试。

（2）验收过程中发现的异常情况，负责验收的机构或人员应当立即向事业单位有权管理的相关机构报告，相关机构应查明原因并及时处理。

（八）采购过程风险管理

（1）事业单位应当加强对物资采购供应过程的管理，依据采购合同中确定的主要条款追踪合同履行情况，对有可能影响生产和工程进度的异常情况，应出具书面报告并及时提出解决方案。

（2）事业单位应当做好采购业务各环节的记录，实行全过程的采购登记制度或信息化管理，确保采购过程的可追溯性。

第三节 付款业务风险控制

一、付款环节的主要风险

付款环节的主要风险是：付款审核不严、付款方式不恰当、付款金额控制不严，这些风险可能导致事业单位资金损失或信用受损。

二、付款风险控制

《指引》第三章从四个方面提出了对付款过程风险的内控要求：

（一）采购付款风险管理

（1）事业单位应当加强采购付款的控制，完善付款流程，明确付款审核人的责任和权力，严格审核采购预算、合同、相关单据凭证、审议批准程序等相关内容，审核无误后按照合同规定及时办理付款。

（2）事业单位在付款过程中，应该严格审查采购发票的真实性、合法性和有效性。发现虚假发票的应查明原因，及时报告处理。

（3）事业单位应当重视采购付款的过程控制和追踪管理，发现异常情况的，应当拒绝付款,避免出现资金损失和信用受损。

(4)事业单位应当合理选择付款方式,并严格遵守合同规定,防范付款方式不当带来的法律风险,保证资金安全。

(二)预付款与定金风险管理

(1)一项原则是:事业单位应当加强预付账款和定金的管理。它是事业单位资产的一部分,具有一定的风险,必须加强管理,防范资金流失。

(2)三项具体要求是:①涉及大额或长期的预付款项,应定期进行追踪核查。②综合分析预付账款的期限、占用款项的合理性、不可收回风险等情况。③发现有疑问的预付款项,应当及时采取措施,予以解决。

(三)会计系统控制

(1)事业单位应当加强购买、验收、付款业务的会计系统控制,详细记录供应商情况、请购申请、采购合同、采购通知、验收证明、入库凭证、商业票据、款项支付等情况,确保会计记录、采购记录与仓储记录核对一致,确保账实相符。

(2)事业单位应当指定专人通过函证等方式,定期与供应商核对应付账款、应付票据、预付账款等往来款项,发现差错应及时予以解决。

(四)退货风险管理

(1)事业单位应当建立退货管理制度,对退货条件、退货手续、货物出库、退货货款回收等做出明确规定,并在与供应商的合同中明确退货事宜,及时收回退货货款。

(2)涉及符合索赔条件的退货,应在索赔期内及时办理索赔,收回索赔款项。

三、采购业务后的评估

由于采购业务对事业单位生存发展至关重要,所以要求事业单位建立后评估制度。定期对物资需求计划、采购计划、渠道、价格、质量、成本、协调、合约签订与履行情况等进行专项评估和综合分析。同时,将需求计划管理、供应商管理、验收与存储管理等方面的关键指标纳入业绩考核体系,促进物资采购与生产、销售等环节有效衔接,不断防范采购风险,全面提升采购效能。

第 八 章　资产管理内部控制指引

资产是指事业单位拥有或控制的存货、固定资产和无形资产,是事业单位从事生产经营活动必须具备的条件。其中,存货是事业单位生产与销售的一项重要资源。存货控制的好坏直接关系到事业单位资金占用水平及其运作效率;固定资产是事业单位一项重要劳动资料,在事业单位总资产中占有较大比重,确保事业单位固定资产安全完态、提高使用效率,可以促进经济效益提高;无形资产是以知识形态存在的重要经济资源,是知识经济时代事业单位生存发展的核心竞争力。因此,加强对存货、固定资产和无形资产的控制,对实现事业单位战略目标、保护事业单位资产安全、提高事业单位效率与效果有重要意义。

第一节　资产管理概念及内控要求

一、资产的概念及控制目标

(一)资产的概念及意义

《指引》指出:"资产是指事业单位拥有或控制的存货、固定资产和无形资产。"

从财务角度讲,事业单位的资产还包括货币资金、应收账款、金融资产、长期股权投资、在建工程等内容。其中货币资金、金融资产、长期股权投资等项目由资金活动指引规范;应收账款由销售业务指引规范;在建工程由工程项目指引规范。本《指引》仅对存货、固定资产和无形资产的管理行为进行规范。

资产是事业单位拥有或控制的资源,是事业单位经营活动的基础,加强事业单位资产的管理,明确管理职责,充分有效地利用资产、保护资产的安全、防范风险的产生,才能提高事业单位经营效益,保障事业单位健康、稳定和持续发展,实现事业单位战略目标。

(二)资产管理控制目标

(1)提高资产利用率、充分发挥资产的效能、确保事业单位资产安全完整;

(2)确保资产的管理按会计准则的要求进行核算,做到账实相符,防范错弊产生;

(3)确保采购、验收、保管、计价、使用、处置等符合国家法规及财会制度有关规定。

二、资产管理应关注风险

在实践中资产管理风险是多方面的,除上述风险外,还应关注下列风险点:

①存货积压或短缺，可能导致流动资金占用过量、存货价值贬损或生产中断。②固定资产更新改造不够、使用效能低下、维护不当、产能过剩，可能导致事业单位缺乏竞争力、资产价值贬损、安全事故频发或资源浪费。③无形资产缺乏核心技术、权属不清、技术落后、存在重大技术安全隐患，可能导致事业单位法律纠纷、缺乏可持续发展能力。

存货管理方面：存货的取得、检收入库、仓储保管、领用发出、盘点处置、存货计价等均有潜在风险；

固定资产管理方面：固定资产的取得、验收、运转、维修、改造、投保、折旧、清查、处置、计价等均有潜在风险；

无形资产管理方面：无形资产的取得、验收、使用、摊销、清查、计价、处置等方面也有潜在风险。

三、资产管理要求

为促进实现资产的管理目标，《指引》第四条对事业单位资产管理提出两个方面要求：

（一）资产管理方面

《指引》要求：事业单位加强各项资产管理，全面梳理资产管理流程，及时发现资产管理中的薄弱环节，采取有效措施及时加以改进。

为此事业单位需要做三个方面工作：

（1）梳理资产管理流程。事业单位的资产多种多样，既有长期的也有短期的；既有有形的也有无形的，而且发挥的作用各不相同。为了充分发挥资产的效能，保障资产安全，就要根据资产的性质和作用，对"进入到退出"的所有环节进行梳理。如对存货应从购买—验收—仓储—出库。盘点—处置等环节进行梳理。梳理中不仅要对照现有资产管理制度，检查规范的管理内容是否落实到位，而且还应审视相关管理流程是否科学，是否能较好地保证物流顺畅，不断减少物流风险，不断降低相关成本费用，最大限度地发挥应有的效能等。

（2）寻找薄弱环节。在梳理过程中要查找资产管理的薄弱环节和问题。这些薄弱环节通常是引发资产流失、运行风险、积压/短缺、效能低下、产能过剩、安全事故，以及生产中断、价值贬损等的源泉，如不及时克服/解决，将严重影响事业单位的经济效益及目标达成。

（3）建立健全各项管理措施。针对查找出的薄弱环节和问题，应当按照内部控制基本规范的要求，结合事业单位的实际情况，建立健全各项资产管理措施：属于缺少相关资产管理制度的，应建立健全相关制度；属于制度内容不健全/不适应的，应给予补充与完善；属于执行不到位的，应加大执行力度，避免形式主义。从而使资产管理制度做到全面具体、切实可行，为实现事业单位的经营战略目标提供保证。

（二）资产投保方面

《指引》要求事业单位："应当重视和加强各项资产的投保工作,采用招标等方式确定保险人,降低资产损失风险,防范资产投保舞弊。"

第二节　存货管控要求

一、存货的含义、流程及管控要求

（一）存货的含义

事业单位的存货通常指非货币性的流动资产,包括原材料、在制品、产成品、半成品、商品及周转材料等;事业单位代销、代管、代修、受托加工的存货虽不归事业单位所有但也包括在内。不同类型的事业单位其存货的特征各不相同,其管理模式也不一样,其存货业务的流程和管控方式也不可能相同。

二、存货验收控制

存货取得包括采购与验收。采购业务管控在第九章已经论述。这里主要论述对存货验收的管控要求。

《指引》第七条指出："事业单位应当重视存货验收工作,规范存货验收程序和方法,对入库存货的数量、质量、技术规格等方面进行查验,验收无误方可入库。"这里充分指明无论是外地购买的材料和商品,还是本事业单位生产的产品,都必须经过质检/验收环节,确保存货的数量和质量符合合同的有关规定。验收阶段主要风险是:验收程序不规范、标准不明确、验收不认真,可能导致数量短缺、以次充好、票实不符等风险。为此,《指引》提出以下三个方面的管控要求:

（1）外购存货的验收,应当重点关注合同、发票等原始单据与存货的数量、质量、规格等核对一致。涉及技术含量较高的货物,必要时可委托具有检验资质的机构和聘请外部专家协助验收。

（2）自制存货的验收,应当重点关注产品质量,通过检验合格的半成品、产成品才能办理入库手续,不合格品应及时查明原因、落实责任、报告处理。

（3）其他方式取得存货的验收,应当重点关注存货来源、质量状况、实际价值是否符合有关合同或协议的约定。

仓库人员根据验收合格的存货与让入库单据核对,无误后定期与财会核对,有关数据不得擅自修改。

三、存货保管控制

存货保管环节主要风险是:存货保管方法不适当,监管不严密,可能导致损毁变质、存货丢失、价值贬损、资源浪费。为加强存货管控,《指引》第八条提出事业单位应建立存货保管制度,定期对存货进行检查,重点关注下列事项:

(1)存货在不同仓库之间流动时,应当办理出库手续。

(2)存储期间应当按仓储物资所要求的储存条件储存,并健全防火、防洪、防盗、防潮、防病虫害和防变质等管理规范。

(3)制造期间应加强生产现场的材料、周转材料、半成品等物资的管理,防止浪费、被盗和流失。

(4)对代管、代销、暂存、受托加工的存货单独存放和记录,避免与本单位存货混淆。

(5)事业单位结合实际情况,加强存货的保险投保,保证存货安全,合理降低存货意外损失风险。

为加强存货的管控,仓储部门应对存货进行每日巡查和定期抽查,详细记录库存情况;发现毁损、跌价迹象及不需要物资时,应及时与生产、采购、财务等相关部门沟通,防范或减少损失风险。

四、存货发出控制

存货发出 / 领用的过程中,由于存货的领用 / 发出审核不严格、手续不完备、发货不认真,可能导致存货损失与资源浪费。为加强管控,《指引》第九条提出三方面要求:

(1)"事业单位应当明确存货发出和领用的审批权限"。对于常规存货的发出和领用,应当事先明确相关部门和岗位的审批权限。未经授权的部门不得批准领用。

(2)对于"大批存货、贵重商品和危险品的发出应当实行特别授权"。由于这类存货 / 商品价值较高,采用一般授权,易发生损失或错弊,而危险品危险性较大,故要求特别授权,防范失窃。所谓"特别"是指比一般授权更加严格、审批层次更高、审批责任更大。

(3)"仓库部门应当根据经审批的销售(出库)通知单发出货物"。仓库负有检查验证出库单及审批手续是否有效和清楚的责任,否则应拒绝执行并报告。

五、存货记录控制

《指引》第十条对存货记录提出了两项要求:

①要求"事业单位仓库部门应当详细记录存货入库、出库及库存情况,做到存货记录与实际库存相符",这样才能及时发现差错,做到账实相符,确保存货安全。②要求仓储部门"定期与财会部门、存货管理部门进行核对",并保存好对账记录,这样才能相互验证,做到账账相符。

六、合理库存控制

库存过少可能造成生产中断,库存过多又会浪费资金。为防范过多 / 过少风险的发生,《指引》对事业单位建立合理库存提出两项要求:

（1）要求"事业单位应当根据各种存货采购间隔期和当前库存，综合考虑事业单位生产经营计划，市场供求等因素"，建立事业单位的库存，才能避免过多/过少等风险的发生。

（2）要求事业单位"充分利用信息系统，确定存货采购日期和数量，确保存货处于最佳库存状态。"指明事业单位在存货管理中要利用现代先进的手段，手工是不能适应的。

七、存货盘点清查控制

存货清查盘点既要核对数量，又要关注质量。为防止出现存货盘点清查制度不完善、计划不可行、清点不认真，可能导致流于形式，无法查清存货的真实情况等风险，《指引》第十二条提出了以下要求：

（1）"事业单位应当建立存货盘点清查制度，结合本事业单位实际情况确定盘点周期，盘点流程等相关内容，核查存货数量，及时发现存货减值迹象"。清查中要填写盘点表，详细列示存货的质量状况，有无减值迹象、有无长期积压，影响资金使用效果。

（2）存货清查可采用定期和不定期相结合。要拟订清查计划、配备人员，采用科学方法，全面记录清盘情况。"事业单位至少应当于每年年度终了开展全面盘点清查"。

"盘点清查结果应当形成书面报告"。报告应包括清盘时间、地点、参加人员，清盘品种、数量、存放情况，以及清盘中发现的问题等。存货盘点清查内部控制流程，如图10-3所示。

八、存货处置控制

存货处置包括产品销售及因变质、毁损等进行处置，在处置中由于责任不明确、审批不到位、管控不严，可能导致事业单位利益受损。为此《指引》强调事业单位应定清盘，"盘点清查中发现的存货盘盈、盘亏、毁损、闲置以及需要报废的存货，应当查明原因，落实并追究责任，按照规定权限批准后处理。这样才能有效促进存货相关管理部门和人员认真履行职责，管好、用好事业单位存货"。

第三节 固定资产管控要求

一、固定资产的含义、流程及管控要求

（一）固定资产的含义

固定资产是指为生产商品、提供劳务、出租和经营管理而持有的，使用寿命超过一个会计年度的有形资产。主要包括房屋、建筑物、机械、运输工具，以及其他与生产经营活动有关的设备、器具、工具等。它是生产经营活动的必要条件，价值较高，固定资产的安全维护、完整及更新改造，直接影响事业单位生产经营的可持续发展能力，其使用效能的

高低直接影响事业单位效益。

（二）固定资产流程

其流程通常由固定资产取得、验收移交、日常维护、更新改造、淘汰处置等环节构成。

（三）固定资产管理存在风险

（1）新增固定资产验收程序不规范，可能导致资产质量不合规，影响资产运行。

（2）固定资产登记内容不完整、资料不齐全，可能导致信息失真、资产流失。

（3）固定资产投保制度不健全，造成少保险，可能导致资产损失。

（4）设备操作不当、失修／维护不到位，可能造成资产效率低、产品质量低，甚至发生安全事故，造成生产停顿。

（5）设备缺乏更新改造，可能造成产品线老化，影响市场竞争力。

（6）固定资产未盘点清查，可能导致资产丢失、毁损、贬值不能及时发现，形成账实不符，影响财务报告的真实性。

（7）固定资产处置不合规、手续不完善，可能造成财产损失。

（四）固定资产管控要求

针对上述风险，《指引》对固定资产的管控提出两个方面的要求：

①事业单位应当加强房屋建筑物、机器设备等各类固定资产的管理，重视固定资产维护和更新改造。②不断提升固定资产可使用效能，积极促进固定资产处于良好运行状态。

前者是对固定资产管控的总要求，后者是固定资产的管控目标要求。固定资产只有处于良好状态，充分发挥其效能，才能有效地促进事业单位提高效益，为实现整体目标提供保障。为此，需要做好下列控制措施。

二、固定资产取得控制

固定资产取得有外购、自行建造、非货币资产交换或投资者投入等方式，其内容较为复杂，如果验收程序不规范，验收不认真，可能导致资产质量不符合要求，进而影响资产的运行，危害事业单位经营目标的实现。为防范固定资产取得环节的风险，事业单位应当建立健全固定资产验收制度。

（1）外购固定资产。应当根据合同、供应商发出报价单等所列品种、规格、数量、质量、技术性能及其他内容进行验收，出具验收单，编制验收报告。

（2）自行建造固定资产。应由建造部门、固定资产管理部门、使用部门共同填制固定资产移交使用验收单，验收合格后，移交使用部门投入使用。

（3）未通过验收或验收不合格资产，使用部门不得接受，必须按照合同等有关规定办理退／换，或其他弥补措施。对于具有权属证明的资产，取得时必须有合法的权属证书。

三、固定资产运行控制

固定资产日常运行环节容易发生登记内容不完整、使用操作不合规、失修/维护过剩、设备能力不能充分利用等，造成资产信息失真、资产丢失或生产事故等风险。为此，《指引》第十四条提出以下管控要求：

（1）要求完善固定资产记录。事业单位应当制定固定资产目录，对每项固定资产进行编号，按照单项资产建立固定资产卡片，详细记录各项固定资产的来源、验收、使用地点、责任单位和责任人，运转、维修、改造、折旧、盘点等相关内容。

（2）要求做好资产的维修保养。事业单位应当严格执行固定资产日常维修和大修理计划，定期对固定资产进行维护保养，切实消除安全隐患。

（3）要求做好设备监控。事业单位应当强化对生产线等关键设备运转着的监控，严格操作流程、实行岗前培训和岗位许可制度，确保设备安全运转，从而规避操作风险造成的损害。

（4）要求做好资产保险。事业单位应当严格执行固定资产投保政策，对应投保的固定资产项目按规定程序进行审批，及时办理投保手续。

四、固定资产更新改造控制

固定资产在日常运行中，由于更新改造不够/技术落后，可能造成产品线老化，缺乏市场竞争能力，不利于事业单位持续发展。故《指引》第十五条提出三项要求：

（1）要求事业单位应当根据发展战略，充分利用国家有关自主创新政策。近几年国家出台了一系列鼓励事业单位自主创新的优惠政策，事业单位应充分利用。

（2）要求事业单位应当加大技改投入，不断促进固定资产技术升级，淘汰落后设备。应结合事业单位实际实施技术升级改造，才能适应形势需要。

（3）要求事业单位应切实做到保持固定资产技术的先进性和事业单位发展的可持续性。这是固定资产更新改造的最终目的。

五、固定资产投保控制

《指引》第十六条指出：事业单位应当严格执行固定资产投保政策，对投保的固定资产项目按规定程序进行审批，及时办理投保手续。事业单位应由专门部门及人员按规定手续办理，防止"暗箱操作"，损害事业单位利益。

六、固定资产抵押/质押控制

事业单位因资金周转等原因可能以固定资产进行抵押/质押。但由于资产抵押制度不完善，可能导致抵押资产价值低估和资产流失的风险，故《指引》第十七条提出三项管控要求：

（1）事业单位应当规范固定资产抵押管理，确定固定资产抵押程序和审批权限等。要求事业单位完善流程，健全制度，明确责任。

（2）事业单位将固定资产用作抵押的，应由相关部门提出申请，经事业单位授权部门或人员批准后，由资产管理部门办理抵押手续。这里指明了办理资产抵押程序和手续及记录，保障资产安全。

（3）金融事业单位应当加强对接收的抵押资产的管理，编制专门的资产目录，合理评估抵押资产的价值，防范收押资产发生损失。

七、固定资产清查与处置控制

由于固定资产管理不当、处置方式不合理，可能给事业单位带来经济损失。为此《指引》第十八条提出两个方面的管控要求：

（一）要求事业单位建立清查制度

事业单位应当建立固定资产清查制度，至少每年进行全面清查。对固定资产清查中发现的问题，应当查明原因，追究责任，妥善处理。

（二）要求事业单位加强固定资产处置管控

事业单位应当加强固定资产处置的控制，关注固定资产处置中的关联交易和处置定价，防范资产流失。为防范风险产生，处置时应关注四种情况：

（1）对使用期满正常报废的固定资产，应由使用部门或管理部门，填置固定资产报废单，经授权部门或人员批准后进行报废处理。

（2）对使用期未满非正常报废的固定资产，应由使用部门提出报废申请，注明报废理由、估计清理费用和可收回残值、预计处理价格等。组织有关部门进行技术鉴定后，按规定程序审批后进行报废清理。

（3）对拟出售或投资／交换的固定资产，应由有关部门和人员提出申请，对资产进行评估，报经授权部门和人员批准后予以出售／投资或转让。处置中特别关注关联交易和处置定价，并报经授权部门和人员审批后确定，对重大固定资产处置，应考虑聘请具有资质的中介机构进行评估，应采取集体审议和联签制度。涉及产权变更的固定资产，应及时办理产权变更手续。

（4）对出租／出借固定资产，应由相关部门提出出租／出借申请，写明理由和原因，报经授权人员审核，通过后签订出租／出借合同，办理出租手续。

第四节　无形资产管控要求

一、无形资产的含义、流程及管控要求

（一）无形资产的含义

无形资产是事业单位拥有或控制的没有实物形态的可辨认的非货币性资产，通常包

括专利权、分担专利技术、商标权、著作权、特许权、土地使用权等。随着科学技术的发展，在当今社会它已成为事业单位提升核心竞争力的重要组成部分。

（二）无形资产管理流程

无形资产的管理流程包括资产的取得、验收并落实权属、自用或授权其他单位使用、安全防范、技术升级与更新换代、处置与转移等环节。

（三）无形资产管控风险

无形资产管控风险主要表现在：技术落后／权属不清，使用效率低下，内含技术未能充分发挥，缺乏严格保密制度，泄露商业机密，处置不当，使用价值不能充分发挥，可能导致事业单位资源浪费／流失，或引发法律诉讼等风险。

（四）无形资产管控要求

为了保障无形资产的安全，防范潜在风险发生，《指引》提出了总体要求：
①事业单位应当加强对品牌、商标、专利、专有技术、土地使用权等无形资产的管理；②分类制定无形资产管理办法，落实无形资产管理责任制；③促进无形资产有效利用，充分发挥无形资产对提升事业单位核心竞争力的作用。

二、无形资产权属控制

《指引》第二十条对无形资产权属管控提出三个方面要求：

（1）要求事业单位应当全面梳理外购、自行开发以及其他方式取得的各类无形资产的权属关系，加强无形资产权益保护，防范侵权行为和法律风险。这要求事业单位妥善保管好无形资产的权属证明，建立无形资产清册，实时监控和防范侵权行为。维护自身权益防范法律风险。

（2）要求事业单位对具有保密性质的无形资产，应当采取严格保密措施，严防泄露商业秘密。保护好商业秘密不被泄露至关重要，它是事业单位生存发展的关键资源。保护商业秘密的措施通常包括：建立保密制度、资料密级标示、加强保密教育、签订保密合同、订立保密协议、加强保卫措施、限制外人参观生产技术过程、安装监控、派专人封存和保管有关资料，等等。

（3）要求事业单位对购入或者以支付土地出让金等方式取得的土地使用权，应当取得土地使用权有效证明文件。土地使用权的缺失，可能给事业单位带来不利影响，因此，必须加以关注。

三、无形资产的更新控制

科学技术进步要求无形资产必须不断更新，才能适应形势需要。《指引》第二十条对无形资产的更新换代提出两个方面要求：

（1）要求事业单位应当定期对专利、专有技术等无形资产的先进性进行评估，淘汰落后的技术，以确保专利/专有技术的先进性。

（2）要求事业单位加大研发投入，促进技术更新换代，不断提升自主创新能力，努力做到核心技术处于同行业领先水平。

四、品牌维护和提升控制

品牌/商誉对事业单位竞争力至关重要。《指引》第二十二条从三个方面提出了要求：

（1）要求事业单位应当重视品牌建设。许多事业单位已经认识到打造和提升品牌的社会认可度，对事业单位的生存和发展至关重要。事业单位只有打造自己的核心品牌，才能带动事业单位持续发展。

（2）要求事业单位加强商誉管理。商誉越来越成为事业单位生存发展的条件。应创造事业单位在社会上的知名度。

（3）要求事业单位通过提供高质量产品和优质服务等多种方式，不断打造和培育主业品牌，切实维护和提升事业单位品牌的社会认可度。这里为事业单位打造品牌、提升认可度、注重品牌法律维护指明了方向。

第九章 销售业务内部控制指引

第一节 销售概念、风险与内控要求

一、销售概念与控制目标

（一）销售概念

《指引》指出：销售是指事业单位出售商品（或提供劳务）及收取款项等相关活动。它包括接受订单、订立合同、发出货物、运送商品、货款收取、信用管理、销售退回等一系列的环节活动，是事业单位经营活动中的重要关键环节。

事业单位产品只有找到用途销售出去，事业单位才能持续经营发展。因此事业单位必须建立健全销售业务各个环节的管控，提高事业单位销售能力，促进经营战略目标的实现。

（二）销售控制目标

（1）保证销售收入的真实性和合规性。销售收入的获得是对事业单位生产经营活动发生耗费的补偿，是事业单位发展的主要资金来源。通过加强对销售业务的内部控制：一是保证销售收入的真实实现，即保证事业单位所发生的所有销售收入都及时、准确地收取并加以记录，完整地反映事业单位的销售全过程，防止少记、不记或漏记的现象。二是保证事业单位销售的产品、提供的劳务要符合事业单位的经营范围，防止违反国家规定，超越事业单位经营范围的行为的发生。

（2）保证事业单位产品安全和完整。交付客户已销售的产品应该数量准确、完整，产品质量合格，运送产品应该保证其在运输过程中的安全，提供劳务应该保证劳务的工期、劳务的质量与合同的要求一致。

（3）保证销售货款及时足额收回。销售货款时事业单位赖以运营的基础，如果不能保证销售货款及时足额的收回，就会使事业单位面临现金流短缺或断流，最终影响事业单位利润实现和正常经营。

（4）保证销售折让和销售退回的合理性与正确性。在发生销售折让与销售退回时，事业单位应严格按规定程序审核控制，查看是否真实、合理，并保证折让和退货的资料完整手续完备。

二、销售业务风险

（一）销售业务的主要风险

《指引》强调指出,事业单位销售业务应至少关注下列风险:

①销售政策和策略不当,市场预测不准确,销售渠道管理不当等,可能导致销售不畅、库存积压、经营难以为继。②客户信用管理不到位,结算方式选择不当,账款回收不力等,可能导致销售款项不能收回或遭受欺诈。③销售过程存在舞弊行为,可能导致事业单位利益受损。

（二）销售业务的一般风险

除上述主要风险外尚有两项风险也不可忽视:一是销售行为违反国家法律、法规和事业单位制度规定,可能遭受外部处罚导致经济和信誉损失。二是销售计划／销售合同未经适当审批或审批不严,可能因重大差错、舞弊、欺诈等而导致损失。

三、内控基本要求

《指引》第四条对销售业务内部控制提出五个方面的基本要求:

（1）事业单位应当结合实际情况,全面梳理销售业务流程。

（2）事业单位应当完善销售业务相关管理制度。

（3）事业单位应制定适当的销售政策和策略。

（4）事业单位应明确销售、发货、收款等环节的职责和审批权限,按照规定的权限和程序办理销售业务。

（5）事业单位应当定期检查分析销售过程中的薄弱环节,采取有效控制措施,确保销售目标实现。

四、销售业务基本流程及目标

销售业务环节是决定事业单位生死存亡的关键环节,销售目标的完成状况是事业单位领导层极为关注的内容。反映事业单位经营目标的指标通常包括下列具体指标:

（1）反映事业单位营业规模的指标有营业收入额,即销售额、出额、内销额。

（2）反映市场份额的指标有市场占有率。

（3）反映产品周转效率的指标有存货周转率、产品生产周转期。

（4）反映库存商品状况的指标有库存额、在产品金额。

（5）反映事业单位服务质量的指标有产品退货（返修）率、产品召回量。

（6）反映货款回收情况的指标有应收账款占用额、赊销比率。

（7）反映回款效率的指标有应收账款周转率及周转期。

（8）反映客户信用状况的指标有坏账损失额及损失率等。

这些指标完成的优劣，表明事业单位经营战略实施过程中取得的优异成绩或可能遇到的风险损害，通过预测分析，提前做好应对风险准备，可有效地防范风险损害，确保事业单位战略目标的实现。

第二节 销售业务风险及其管控

销售环节。主要风险是销售政策与策略不妥、市场预测不准、销售渠道管理不善等，造成产品销售不畅、库存积压等。

《指引》要求事业单位：①应当加强市场调查，合理确定定价机制和信用方式。②根据市场变化及时调整销售策略，灵活运用销售折扣、销售折让、信用销售、代销和广告宣传等多种策略和营销方式。③促进销售目标实现，不断提高市场占有率。

一、销售计划风险控制

销售业务由计划开始，计划严谨、科学、全面、系统、正确反映市场的需求，就可有效地防范销售业务的风险，实现销售目标。

销售计划风险有：计划脱离市场需求与事业单位生产安排不匹配，未经综合平衡授权审批，可能导致生产经营难以良性循环，销售目标不能实现。故需要做好销售计划初稿拟定，以及其他有关销售工作。

（一）销售计划初稿拟定.

销售计划是公司编制综合财务计划（包括生产计划、物流计划和成本计划）的基础，也是公司制定各项经营管理决策的重要依据。销售计划的核心是做好营销战略分析与决策。为此要进行市场分析，拟定怎样开拓市场争取客户，战败竞争对手，提高市场占有率，合理确定产品价格、信用政策及额度，增强事业单位盈利水平等在这方面多写点，然后再进入具体计划方法。

第一步，销售计划编制首先由市场销售部根据市场情况制订相应的全年指导性销售计划。指导性销售计划经由财务部门、生产部门和采购部，结合公司的年度利润目标、实际生产能力、购买能力、库存情况等提出综合意见，经总经理办公会议讨论后，由销售副总和总经理批准。财务部、生产部、物流部等部门应当根据批准后的销售计划编制各自的相关计划。

第二步，市场销售部应对市场进行预测，并指定专人具体负责编制公司指导性的销售计划，财务部门应当给予适当的技术指导。

审计部应当对市场销售部执行销售计划编制程序和计划编制情况进行监督审核。

（二）销售计划编制控制

（1）销售计划的种类。

市场营销战略规划：通常根据董事会和公司总体发展规划，结合公司产品和市场特点、公司资源条件、竞争对手情况等综合因素制定。市场营销战略规划是公司编制发展战略规划的基础。

年度销售计划：根据市场营销规划、上年度实际销售业绩、本年度国家行业预测、销售合同变化情况等资料编制。年度销售计划应分月编制。销售计划是公司编制综合财务计划和年度预算的基础。

销售预测：根据销售合同、近期客户订单等资料编制。销售预测按年度分月滚动编制，是公司编制财务预算的基础。

周、日销售计划。根据客户下达的要货订单、补货申请编制。

（2）销售计划编制的依据。

董事会批准的公司分年度战略计划；

对历年销售情况的汇总分析报告；

与客户签订的订单意向及与有良好资信的客户签订的供货意向书；

其他经过市场部调查后收集到的需求信息。

（3）销售计划编制应关注事项。

编制人员和审批人员应当严格分析和选择使用可靠的市场信息来编制销售计划和预测，关注审核销售计划信息来源的正确性，最大限度保证销售计划编制的准确性。

计划编制应充分听取多方面意见，经部门统一意见后确定初步建议书，交有关人员审批。

计划编制人员应当根据产品的型号、数量进行分类、汇总，并将销售信息资料整理，分类保存在本部门，供日后查用。

（4）销售计划审批确定。销售计划建议书经讨论确定后，需提交销售副总和总经理批准，并将批准后的销售计划发送到采购部、生产计划部、财务部等。公司营销战略规划和年度销售计划还应经过董事会审议。

（5）销售计划的保密性。销售计划是公司的机密文件，只有相关授权人员才能接触和使用。销售计划由市场销售部负责保管，使用销售计划的其他部门主管应妥善保管计划资料。

（三）销售计划调整控制

为满足客户需要，同时合理控制原材料库存数量，公司的销售计划应定期或不定期地根据客户订单及市场变化进行调整。调整销售计划时应遵循以下要求：

（1）客户的书面更改通知；

（2）市场业务员提出的有充分资料支持的市场信息；

（3）市场出现突发事件，导致客户需求变化；

（4）销售计划的调整应重新履行审批手续，及时将调整内容发送到相关部门。

二、销售定价内部控制

销售定价是指商品／劳务价格的确定、调整及相应审批。

定价环节的主要风险是：价格不符合市场需求、未结合市场供需情况、盈利测算等进行适时调整，造成价格过高或过低、影响产品销售。商品价格未经恰当审批或存在舞弊，会导致事业单位亏损。为此，需要做好下列工作。

（一）销售定价的组织控制程序

（1）公司市场销售部负责制定具体的产品销售价格。公司财务部对市场销售部价格执行情况进行日常的审核监控。审计部应定期或不定期对各部门执行产品定价管理制度进行审查监督。

（2）公司应当根据实际情况设置价格管理委员会，负责公司新产品的销售价格、重要客户销售价格、标准价格和销售价格的审核、确定和调整等，并对公司产品价格执行情况进行管理和监督。

（二）基本评估价与标准报价表的控制

事业单位应根据有关价格政策，综合考虑事业单位财务目标、营销目标、产品成本、市场状况及竞争对手情况等多方面因素，确定产品基准定价。定期评价产品基准价格的合理性，定价和调价需经具有相应权限人员的审核批准。

公司应当指定研发部门牵头组织市场销售部、财务部和生产部门结合公司实际情况从承接客户订货单开始，收集客户技术要求，进而开展采购询价、签署供货合同、试制产品、测算生产成本等各项具体工作。

（1）在产品开发期间，产品开发的技术资料和信息主要源于客户和公司内部。与客户相关的信息资料，市场销售部应配合研发部门，与客户协调收集。这些资料包括客户提供的技术包、设计总图，配套设备清单等。

（2）生产部门将原料及设备采购需求按时传递到采购部，由采购部按采购管理制度的要求进行初步询价，并将询价结果按时传递到财务管理部。

（3）生产部门进行试生产，研发部门计算产品的投入产出比。

（4）财务部负责根据产品的投入产出比、工时定额、薪酬费用、所需场地及设备投资、采购部提供的原料价格和辅料价格、市场销售部提供的市场同类产品价格等信息，完成基本报价评估表。市场销售部根据该报价评估表制定标准报价表后，报公司价格管理委员会讨论审核，最后报总经理签字批准。

（5）市场销售部根据经总经理批准后的标准报价表向客户提出产品的报价。

（6）市场销售部完成对外标准报价后，应当立即通知各业务部门做好产品生产准备。

（三）制定标准报价表必须考虑的因素

（1）产品生产成本；

（2）相关的销售费用；

（3）新产品设计开发、购买专利技术等经营管理费用；

（4）预计市场规模，包括客户年度采购数量、每单订货数量等；

（5）根据市场分析，确定产品的生命周期；

（6）市场竞争分析，包括竞争者数量和竞争实力；

（7）公司中短期销售目标以及对实现公司年度销售计划的影响；

（8）市场营销策略，是低价迅速占领市场，还是高价获取销售利润；

（9）类似产品的销售价格；

（10）新增设备或投资风险；

（11）与主要客户的关系，对主要客户销售其他配套产品的影响；

（12）市场上原有产品的销售价格；

（13）其他相关信息＾

在执行基准定价的基础上，针对某些商品可授予销售部门一定限度的价格浮动权，销售部门可结合产品市场特点，将价格浮动权向下实行逐级递减分配，同时明确权限执行人，执行人必须严格遵守规定的价格浮动范围，不得擅自突破。

销售折扣、销售折让等政策性的制定应由具有相应权限人员审核批准，授予的实际金额、数量、原因及对象应予记录，并归档备查。

（四）制定标准售价和上下限浮动范围

定价级浮动范围报经价格管理委员会讨论议定后，报总经理签字批准后执行。销售折扣与折让也必须报总经理或副总批准。

（五）销售价格的执行控制

（1）各级销售人员在本岗位价格执行权限内，在产品销售订单或销售合同上签字。

（2）对于超出权限，突破权限标准销售价格销售产品时，必须有书面申请，同时说明事由，报销售副总和总经理审批后再执行。

（六）商品价格的调整

公司在向客户提供合同供货期间，如果因为市场行情变化，导致客户提出调整供货价格时，市场销售部应立即将有关情报资料收集齐全并进行初步的分析研究。对于重要客户，如果价格变动超过允许浮动范围下限时，市场销售部应当将客户的调整要求以及本部门意见报价格管理委员会。价格管理委员会应当对该价格调整对完成事业单位年度财务指标和市场竞争力、市场占有率等的影响做出综合评估后报总经理批准后实行。

销售人员对客户承诺同意降价前,必须获得公司授权管理人员的书面批准。

(七)商品价格监督

财务部负责审核销售订单或销售合同的价格,对销售价格不符合销售价格规定或变动合同价格未经过授权人员批准,不得允许销售。

公司任何人未经授权人员批准,不得擅自泄露公司的价格政策。

三、销售合同签订风险控制

事业单位与客户订立销售合同,明确双方权利和义务,有利于销售活动的开展。

该环节主要风险是:合同内容存在重大疏漏和欺诈,对外签订销售合同未经授权;销售价格、收款期限等违背销售政策,可能导致事业单位经济受损。

事业单位应建立健全销售合同订立审批管理制度,明确必须签订合同的范围,规范合同订立程序,确定具体的审核、审批程序和所涉及的部门人员及相应权责。

《指引》指出:事业单位在销售合同订立前,应当与客户进行业务洽谈、磋商或谈判,关注客户信用状况、销售定价、结算方式等相关内容。

(一)对销售价格的控制

市场的易变性决定了在审核销售价格时,应结合当时的市场情况,将合同价格与事业单位的目标价格,同产品的成本进行对比。若销售价格对事业单位明显不利或显示不公平,须及时提出异议并查明原因,对确有疑问的合同应从财务角度予以否决。同时要监督销售折扣和折让是否符合相关规定,杜绝不规范行为。

《指引》要求:重大的销售业务谈判应吸收财会、法律等专业人员参加,并形成完整的书面记录。

(二)对客户资信的控制

对意向客户,应指定专人通过银行或专门的资信调查机构,了解对方的资信状况。对情况不明的客户,建议在合同中标明交货条件为带款(现金或汇票)提货。

(三)对交货期、违约责任等合同条款的控制

要及时发现对方提出的苛刻的交货条件,避免事业单位履约行为成为实际上不可能。还要及时发现严酷的索赔条款,防止对方以索赔为目的的虚假贸易行为。对权利和义务明显不对等的销售合同,必须提出修改或予以否决,以维护本事业单位的经济利益。

《指引》要求:销售合同应当明确双方的权利和义务,审批人员应当对销售合同草案进行严格审核,重要的销售合同,应当征询法律顾问或专家的意见。"

(四)合同事项的法律、财务监督

合同内容条款必须经过公司法务部审核后,才能与客户签订,从而降低法律风险的

发生。

合同内容提交财务部审核,防止内容不当或欺诈,可能受牵连而造成经济损失发生。

(五)销售合同签订

销售合同草案按公司审批程序及授权权限严格审核修正,经审批同意后,应授权有关人员与客户签订正式销售合同。

四、销售客户信用风险控制

为了降低坏账风险,事业单位应建立健全客户信用档案、关注重要客户资信变动情况,运用信用评估、授信机制、信用额度审批制度等,采取有效措施,防范信用风险。对于境外客户和新开发客户,应当建立严格的信用保证制度。

(一)建立客户信用管理制度

客户信用的管理包括两项内容:一是制定赊销额度,即根据对客户的调查,针对每一客户具体情况制定赊销额度;二是日常赊销管理,包括对销售业务赊销额度的比较和超出赊销额度的特殊销售批准。

(二)建立信用授权和审核批准制度

按照公司规定的权限和程序办理销售业务。为了降低岗位舞弊风险,应当根据具体情况对办理销售业务的人员进行岗位轮换或者管区、管户调整。

(三)明确职责分工

(1)明确各部门及人员的职责分工:销售业务与信用检查、信用额度确定是不相容业务,不能由同一人负责,从而有效防止销售人员为扩大销售,使事业单位承受不适当的信用风险。

(2)分级设置批准赊销信用的权限,在 ERP 程序中设置操作权限,不同信用额度的赊销,由不同层次的公司授权人员审核批准。

(四)设立信用管理部门

有条件的事业单位可以设立专门的信用管理部门或岗位,负责制定事业单位信用政策,监督各部门信用政策执行情况。信用政策应当明确规定定期(或至少每年)对客户资信情况进行评估,编制客户资信评估报告报事业单位销售管理委员会审核、确认。

(五)建立信用保证制度

在与客户签订合同时,应视给予客户信用期限的长短和信用额度的大小,要求客户办理担保、保险等事宜,为合同的顺利履行提供保证。

五、货物发送与退回风险控制

货物发送是根据合同的约定向客户提供商品活动。该环节的主要风险是：未经授权发货，或货物不符合合同约定，可能导致双方争议及货物损失。

《指引》要求：①事业单位销售部门应当按照经批准的销售合同开具相关销售通知。②发货和仓储部门应对销售通知进行审核，严格按照所列项目组织发货。确保货物安全发运。③事业单位应当加强销售退回管理，分析销售退回原因，及时妥善处理。④事业单位应当严格按照发票管理规定开具销售发票。严禁开具虚假发票。

（一）货物发运的控制

公司物流部门应当对发货单据进行审核，严格按照销售通知单所列的发货品种、规格、数量、发货时间、发货方式、接货地点组织发货，形成相应发货单据，单据进行连续编号。并建立货物出库、发运等环节岗位责任制，确保货物的安全发运。

（1）合同签订后，销售业务人员将《发货通知单》提供给公司物流部门，通知单上注明客户名称、合同编号、品名、数量、发货日期等事项，公司物流部门确认后将通知单回执交还销售业务人员。

（2）物流部根据《发货通知单》开具《商品发运单》，并在备注栏上注明运费情况后经市场销售部经办人员签字确认后，安排车船自行到仓库提货运输或交已签订承运合同的承运单位经办人签字后，将"发运单"交承运人去发货仓库提货。

（3）仓库管理人员根据《商品发运单》及其他有效单据，按其所列的发运商品名称、规格及数量予以发货，填写出库单，完成交接手续并登记台账。

（4）物流部在货物发车前，应电话通知销售业务人员与客户沟通。如送货途中有任何异常，造成延误或不能送货，及时通知销售业务人员与客户沟通协调，确保在合同规定的时间内将货物完好无损地送达客户指定地点，并取回客户签字确认的回执。

（二）销售退货的控制

在正常情况下，退货环节不应当很多，但由于其对事业单位的信誉有较大的影响，退货审核的控制仍非常重要。

（1）事业单位的销售退回必须经销售主管审批后方可进行。要求退货的批准、退货物资的接收和开具贷项通知单、应收账款的冲减应分别由不同人员负责，并确保与此业务有关的部门和人员各司其职，分别控制实物流和会计处理。销售退回的货物应当由质检部门检验和仓储部门清点后方可入库。质检部门应当对客户退回的货物进行检验并出具检验证明；仓储部门应当在清点货物、注明退回货物的品种和数量后填制退货接收报告；财会部门应当对检验证明、退货接收报告以及退货方出具的退货凭证等进行审核后办理相应的退款事宜；事业单位应对退货原因进行分析并明确有关部门和人员的责任。

（2）验收客户退回的货物。客户退回的货物应由验收部门来验收,验收时应清点、检验和注明退回货物的数量和质量情况,为日后确定给予客户退货金额和确定退货是否需要修理和再存放提供依据。

（3）填制退货接收报告。退货接收报告是对退回货物进行文件记录和进行控制的重要方法。它应在事先加以编号,在发生退货时填制,填制该报告的人员不应同时从事货物发运业务。一切有关的资料,如客户名称、退货名称、数量、日期、退货性质、原始发票号及价格以及一般情况的说明的退款理由等,必须记录在该报告上。填制后的退货接收报告应受到独立于发货和收货职能的人员的检查。

（4）调查退货索赔。收货部门收到和清点检验退回货物后,客户的退货要求应由客户服务部门进行调查。这一程序的目的在于确定对退回货物索赔的有效性,以及如果索赔有效应给予客户的金额 3 客户服务部门应将调查结果和意见记录在退货接收报告上,并交会计、销售部门作为最后的审核。

（5）批准退货。退货的最终审核应由销售部门决定。这一批准只有在对退回货物仔细调查和以退货接收报告为依据的基础上才有效,批准意见应签署在退货接收报告上。

（6）填制和邮寄贷项通知单。贷项通知单应由销售部门中的职员在得到批准的退货接收报告的基础上编制。贷项通知单事先应编号并加以控制。表明其数量、价格和其他内容在邮寄该贷项通知单前经其他人员复核。贷项通知单和其他相应的资料应附在有关分录凭证上,作为应收账款明细的附件。

（7）退货批准后应及时入账,以便修正营业收入和应收账款的余额。

《指引》要求:事业单位应当做好销售业务各环节的记录,填制相应的凭证,设置销售台账,实行全过程的销售登记制度。

六、售后服务风险控制

《指引》要求:事业单位应当完善售后服务制度,加强客户服务和跟踪,提升客户满意度和忠诚度,不断改进产品质量和服务水平。

事业单位与客户之间应建立信息沟通机制,客户提出的问题应予以及时解答和反馈、处理,不断改进商品质量和服务水平,以提升客户满意度和忠诚度。客户服务包括产品维修、销售退回、服务和升级等。该环节的主要风险是:为客户服务水平低,消费者满意度不够,影响公司的品牌形象,造成客户流失。控制措施主要有:

（1）结合竞争对手客服情况,不断完善与改进客户服务的内容、标准与方法等。

（2）设专人进行售前、售中与售后跟踪管理,也可按产品线/地区设服务中心。

（3）做好客户回访工作,开展客户满意度调查,建立客户投诉制度,记录所有客户的投诉,分析产生原因,及时采取措施。

（4）完善品质管理制度,加强生产、质管各部门之间的沟通,客户不满意可以退货。

第三节　货款回收内部控制

一、货款回收内部控制

销售货款的收回是指对公司销售业务中赊销、分期收款销售等产生的应收账款的收回。本环节是销售业务中的关键环节,只有将货款及时、足额地收回,公司的盈利目标才能实现,公司的下一步生产销售计划才能按时进行。

收款环节主要风险是:事业单位信用管理缺失、结算方式选用不当,票据管理不善,收款过程舞弊等,导致销售货款不能及时收回以致遭受欺诈。

《指引》要求事业单位:

①应当完善应收款项管理制度,严格考核,实行奖惩。

②销售部门负责应收款项的催收,催收记录(包括往来函电)应妥善保存。

③财会部门负责办理资金接收并监督款项回收。

(一)事业单位应建立应收账款管理制度

事业单位应当建立应收账款账龄分析制度和逾期应收账款催收制度,按客户设置应收账款台账,及时登记并评估每一客户应收账款余额增减变动情况和信用额度使用情况。销售部门负责应收账款的催收,也是催收记录妥善保管的责任部门;事业单位财会部门应当督促销售部门加紧催收。对催收无效的逾期应收账款要及时提交公司法务部门,通过法律程序予以解决。

(二)应收账款应分类管理

针对不同性质的应收款项,采取不同的方法、政策和程序。严格区分并明确收款责任,建立科学、合理的清收奖励制度以及责任追究和处罚制度,以利于及时清理催收欠款,保证事业单位营运资产的周转效率。

(三)商业票据管理

《指引》要求:事业单位应当加强商业票据管理,明确商业票据的受理范围,严格审查商业票据的真实性和合法性,防止票据欺诈。

事业单位应当结合销售政策和信用政策,明确应收票据的受理范围和管理措施,应当加强对应收票据的合法性、真实性的审查,防止购货方以虚假票据进行欺诈。应收票据的贴现必须经由保管票据以外的主管人员书面批准,应当由专人保管应收票据。对于即将到期的应收票据,应当及时向付款人提出付款;已贴现但仍承担收款风险的票据应当在备查簿中登记,以便日后跟踪管理。事业单位应当制定逾期票据追索监控和跟踪管理。

二、会计系统控制

会计系统对销售及收款过程，实行严格的监督与记录、及时与客户核对。确保做到账实相符。

《指引》要求事业单位：①应加强对销售、发货、收款业务的会计系统控制。②详细记录销售客户、销售合同、销售通知、发货凭证、商业票据、款项收回等情况。③确保会计记录、销售记录与仓储记录核对一致。

（一）定期抽查盘点

事业单位应当定期抽查、核对销售业务记录、销售收款会计记录、商品出库记录和库存商品实物记录，及时发现并处理销售与收款中存在的问题；同时，还应定期对库存商品进行盘点。

（二）定期核对账务

事业单位应指定专人通过函证等方式，定期与客户核对应收账款、应收票据、预收账款等往来款项。如有不符，应当查明原因，及时处理。

三、应收账款的风险管理

《指引》明确提出：事业单位应当加强应收账款坏账的管理，应收账款全部或部分无法收回，应当查明原因，明确责任，并严格履行审批程序，按照国家统一的会计准则制度进行处理。

为确保应收账款账户数据的真实正确，及时完整。对于信用期内收回的款项应重点检查款项到账后是否立即对应收账款清账，同时记录客户资信情况、调整客户赊销额度；对于确实无法收回的坏账，应获取货款无法收回的确凿证据，经适当审批后再予以及时注销；对于年末未收回的款项，事业单位应将客户的风险评估纳入客户管理内容，在此基础上制定针对该客户的信用政策和坏账预期。为应收坏账风险的应对，在控制程序上应充分利用系统的信息处理能力，分别对客户制定坏账准备提取方案，提高坏账准备提取的准确性。坏账政策的制定要经过适当的授权，符合事业单位会计制度，并与坏账提取实行职责分离。

第十章 资金活动内部控制指引

《事业单位内部控制应用指引第6号——资金活动》（以下简称《指引》）确定了资金活动的定义，描述了资金活动中的风险，提出了筹资、投资、资金营运活动的控制要求及措施。明确了指引制定目的是促进事业单位正常组织资金活动，防范和控制资金风险，保证资金安全，提高资金使用效益。

第一节 资金活动概念、风险及内控要求

一、资金活动概念及控制目标

（一）资金活动概念及意义

《指引》指出："资金活动，是指事业单位筹资、投资和资金营运等活动总称。"它涉及的范围是：资金的筹措、资金的投放和资金的日常营运。资金从广义上讲，通常指事业单位拥有和控制资源（包括有形的和无形的）的货币表现，狭义是指现金、银行存款和其他货币资金。加强资金管控，实质上就是加强控制和运用事业单位的资源。资金被视为事业单位生产经营的血液，渗透于生产经营全过程，没有或资金不足，事业单位经营活动就不能正常运行，经营目标难以实现。加强事业单位资金活动的管控，保证资金安全完整、提高资金使用效率，对事业单位的生存发展至关重要。

什么是资本？资本是投资者投入事业单位生产经营活动的资金。资本总是表现为一定的物，如货币、机器设备、厂房、原材料、商品等。但资本本质不是物，而是体现在物上的生产关系，是能够带来剩余价值的价值。

（二）资金活动管控目标

（1）合规有效筹措资金，满足生产经营活动需要；
（2）合理有效使用资金，提高资金的使用效率及效果；
（3）正确计量核算资金活动，如实反映资金状况；
（4）加强资金监管，防范资金流失，确保资金安全完整。

二、资金活动的风险

《指引》第三条指出，事业单位资金活动至少应当关注下列主要风险：
①筹资决策不当，引发资本结构不合理或无效融资，可能导致事业单位筹资成本过

高或债务危机。②投资决策失误,引发盲目扩张或丧失发展机遇,可能导致资金链断裂或资金使用效益低下。③资金调度不合理、营运不畅,可能导致事业单位陷入财务困境或资金冗余,影响资金使用效益。④资金活动管控不严,可能导致资金被挪用、侵占、抽逃或遭受欺诈,造成资金流失。

三、资金活动内控基本要求

《指引》第四条强调了职责分工与授权批准,提出了三项基本要求,明确了两项具体授权:

(1)投融资职权要求。事业单位应当根据自身发展战略,科学确定投融资目标和规划,完善严格的资金授权、批准、审验等相关的管理制度。

(2)资金管理要求。事业单位应当加强资金活动的集中归口管理,明确筹资、投资、营运等各环节的职责权限和岗位分离要求。

(3)资金安全要求。事业单位应当定期或不定期地检查和评价资金活动情况,落实责任追究制度,确保资金安全和有效运行。

同时《指引》还明确了两项具体管理控制:

(1)资金日常管理、事业单位财会部门负责资金活动的日常管理,参与投融资方案等可行性研究;总会计师或分管会计工作的负责人应当参与投融资决策过程。

(2)资金统一集中管理。对有子公司的事业单位,一是要求事业单位在符合有关法律法规及监管要求的前提下,"采取合法有效措施,强化对子公司资金业务的统一监控"。二是提出了对资金管理模式的探索与创新的要求,"有条件的事业单位集团,应当探索财务公司、资金结算中心等资金集中管理模式"。

第二节　筹资活动内控要求

事业单位应根据经营和发展战略需求确定筹资目标及策略,拟订筹资方案,明确筹资用途、规模、结构和方式,充分估计筹资成本及潜在风险。

《指引》第二章对筹资活动提出了七个方面的内控要求:

(一)拟订/提出筹资方案要求

筹资有境内与境外两种。境内筹资,《指引》从三个方面提出了要求:

(1)方案拟订依据。事业单位应当根据筹资战略的目标和规划,结合年度全面预算,拟订筹资方案。

(2)方案应明确的内容。拟订的筹资方案,"应该明确筹资用途、规模、结构和方式等相关内容"。

(3)拟订筹资方案应关注的问题。"应该对筹资成本和潜在风险做出充分估计。"这既是筹资方案的关键，又是技术性较强的内容，也是方案的重要组成部分。境外筹资还应考虑所在地的政治、经济、法律、市场等因素。

（二）论证筹资方案的要求

《指引》第六条从两个方面提出了论证筹资方案的原则性要求：

（1）方案论证要求。事业单位应当对筹资方案进行科学论证，不得依据未经论证的方案开展筹资活动。

（2）方案质量要求。事业单位可根据实际需要，聘请具有相应资质的专业机构进行可行性的研究。从而避免走过场，防范风险产生。

（三）筹资方案的审批要求

《指引》第七条从两个方面提出了要求：

（1）方案审批要求。事业单位应当对筹资方案进行严格审批：①审批重点是关注筹资用途的可行性和相应的偿债能力。②"重大投资方案，应当按照规定的权限和程序实行集体决策或者联签制度。"但什么是重大，可依据事业单位的规模事先确定，并不得随意修改。

（2）方案审批程序。筹资方案须经有关部门批准的，应当履行相应的报批程序，筹资方案发生重大变更的，应当重新进行可行性研究并履行相应的审批程序。

什么是重大变更？《指引》未曾界定，需事业单位在相关规定中明确其标准。

（四）筹资计划编制要求

《指引》第八条从四个方面对筹资方案实施提出了原则性要求：

（1）编制筹资计划要求：①事业单位应当根据批准的筹资方案，严格按照规定权限和程序筹集资金。为此需要编制筹资计划，列明筹资规模及渠道。②银行借款或发行债券，应当重点关注利率风险、筹资成本、偿还能力以及流动性风险等。③发行股票应当重点关注发行风险、市场风险、政策风险以及公司控制权风险等。

（2）银行筹资要求。事业单位通过银行借款方式筹资的，应当与有关金融机构进行洽谈，明确借款规模、利率、期限、担保、还款安排、相关的权利义务和违约责任等内容。双方达成一致意见后签署借款合同，据此办理相关借款业务。

（3）债券筹资要求。事业单位通过发行债券方式筹资的，应当合理选择债券种类，对还本付息方案做出系统安排，确保按期、足额偿还到期本金和利息。

（4）股票筹资要求。事业单位通过发行股票方式筹资，应当依照《中华人民共和国证券法》等有关法律法规和证券监管部门的规定，优化事业单位组织架构、进行业务整合，并选择具备相应资质的中介机构协助事业单位做好相关工作，确保符合股票发行条件和要求。

（五）严格控制资金使用的要求

《指引》第九条对筹措资金的用途提出两方面原则性要求：

（1）使用资金要求。①事业单位应当严格按照筹资方案确定的用途使用资金。②筹资用于投资的，应当分别按照《指引》第三章和《工程项目指引》的规定，防范和控制资金使用的风险。

（2）用途变更要求。由于市场环境变化等确须改变资金用途的，应当履行相应的审批程序。严禁擅自改变资金用途。

（六）加强债务偿还和股利支付管理

《指引》第十条从三个方面提出了要求：

（1）债务和股利管理要求。事业单位应当加强债务偿还和股利支付环节的管理，对偿还本息和支付股利等做出适当安排。如资金筹划不当，常常会出现资金断流的风险。

（2）债务支付要求。事业单位应当按照筹资方案或合同约定的本金、利率、期限、汇率及币种，准确计算应付利息，与债权人核对无误后按期支付。

（3）股利分配要求。事业单位应当选择合理的股利分配政策，兼顾投资者近期和长远利益，避免分配过度或不足。股利分配方案应当经过股东（大）会的批准，并按规定履行披露义务。

（七）加强筹资业务的会计控制要求

《指引》第十一条对筹资活动的会计控制提出了五项要求：

（1）对会计系统总体要求。"事业单位应当加强筹资业务的会计系统控制"，完整反映资金活动的状况。

（2）对核算要求。事业单位应当建立筹资业务的记录、凭证和账簿，按照国家统一会计准则制度，正确核算和监督资金筹集、本息偿还、股利支付等相关业务。

（3）对资料要求。会计部门应当妥善保管筹资合同或协议、收款凭证、入库凭证等资料。

（4）对财务要求。事业单位应当定期与资金提供方进行账务核对，防范错/弊事项的发生。

（5）会计控制目标要求。事业单位应当确保筹资活动符合筹资方案的要求，提高筹资的效果。

第三节　投资活动内控要求

《指引》要求：①事业单位应根据发展战略和规划结合资金状况及筹资可能性，拟订投资目标，制定投资计划。②合理安排资金投放的数量、结构、方向与时机，慎选投资项目，突出主业。③慎选从事股票或衍生金融工具等高风险投资。④境外投资还应考虑政治、经济、法律、市场等因素的影响。

一、投资活动主要风险

投资与事业单位发展战略不协调，与筹资规模、期限、成本与收益不匹配，忽略资产的结构与流动性，缺乏严密的授权审批制度和严密投资资产保管与会计记录，发生投资欺诈等的风险。

二、投资活动内部控制要求

《指引》第三章从六个方面对投资活动提出了内控要求：

（一）拟订投资方案要求

《指引》第十二条对事业单位拟订投资方案提出了三个方面原则性的要求：

（1）拟订依据和关注事项要求。事业单位应当根据投资目标和规划，合理安排资金投放结构，科学确定投资项目与拟订投资方案。重点关注投资项目的收益和风险。选择投资项目应突出主业，谨慎从事股票投资或衍生金融产品等高风险投资。

（2）境外投资要求。事业单位的境外投资还应考虑政治、经济、法律、市场等因素的影响。

（3）并购投资应关注事项要求。事业单位采用并购方式进行投资，应当严格控制并购风险；重点关注并购对象隐性债务、承诺事项、可持续发展能力、员工状况及其与本事业单位治理层及管理层的关联关系；合理确定支付对价，确保实现并购目标。

（二）研究投资方案要求

《指引》第十三条对投资方案的可行性研究重点提出了两项要求：

①事业单位应当加强对投资方案的可行性研究，重点对投资目标、规模、方式、资金来源、风险与收益等做出客观评价。②事业单位应根据需要，可以委托具备相应资质的专业机构进行可行性研究，提供独立的可行性研究报告。

（三）决策审批的要求

《指引》第十四条对投资项目的决策审批提出了三项具体要求：

（1）决策审批程序及内容。事业单位应当按照规定的权限和程序对投资项目进行决策审批，重点审查投资方面是否可行，投资项目是否符合国家产业政策及相关法律法规的规定，是否符合事业单位投资战略目标和规划，是否具有相应的资金能力，投入资金能否按时收回，预期收益能否实现，以及投资和并购风险是否可控等。

（2）重大投资项目审批。应当按照规定的权限和程序实行集体决策或联签制度。

（3）投资方案报批。投资方案须经有关管理部门批准的，应当履行相应的报批程序，投资方案发生重大变更,应当重新进行可行性研究,并履行相应的审批程序。

什么是重大变更? 应由事业单位自行界定。但一经确定不得随意修改。

(四)加强投资管理要求

《指引》第十五条对投资方案的履行与跟踪管理提出了要求:

(1)投资方案的履行要求。事业单位应当根据批准的投资方案,与被投资方签订投资合同或协议,明确出资时间、金额、方式、双方权利义务和违约责任等内容,按规定的权限和程序审批后履行投资合同或协议。

(2)投资方案的跟踪要求。有两个方面:事业单位应当指定专门机构和人员对投资项目进行追踪管理,及时收集被投资方经审计的财务报告等相关资料,定期组织投资效益分析;关注被投资方的财务状况,经营成果、现金流量以及投资合同履行情况,发现异常情况,应当及时报告并妥善处理。

(五)加强投资的会计控制要求

《指引》第十六条对投资项目的会计系统控制提出了两个方面的要求:

(1)对会计系统的控制要求。包括三个方面:①事业单位应当加强对投资项目的会计系统控制;②根据对被投资方的影响程度,合理制定投资会计政策,建立投资管理台账,详细记录投资对象、金额、持股比例、期限、收益等事项;③妥善保管投资合同或协议、出资证明等资料。

(2)对投资价值控制要求。事业单位财会部门对于被投资方出现财务状况恶化、市价当期大幅下跌等情况的,应当根据国家统一的会计准则制度规定,合理计提减值准备、确认减值损失。

(六)投资收回和处置控制要求

《指引》第十七条对投资收回和处置等环节的控制提出了四个方面的要求:

(1)投资收回程序要求。包括两点:事业单位应当加强投资收回和处置环节的控制;对投资收回、转让、核销等决策和审批程序做出明确规定。

(2)对投资本金收回的要求。事业单位应当重视投资到期本金的回收,转让投资应当由相关机构和人员合理确定转让价格,报授权批准部门批准,必要时可委托具有相应资质的专门机构进行评估。

(3)投资核销要求。事业单位核销投资应当取得不能收回投资的法律文书和相关证明文件,不得任意核销长期投资。

(4)投资责任要求。事业单位应当建立责任追究制度,对于到期无法收回的投资,追究失职、渎职者的责任。

第四节　资金营运活动内控要求

一、资金营运活动风险

货币资金持有量不合理影响事业单位效益、资金收支失控,可能导致贪污、舞弊危及资金安全。储备资金数量不合理影响事业单位效益,库存物资收、发、存管控不严,可能导致毁损、遗失、偷盗等舞弊行为发生。生产资金未按生产计划组织生产,料、工、费没有消耗定额或定额不准,未建立目标成本、质量标准及严格记录,责任不明确、记录不清楚、考核不严格等,将导致经济损失的风险。

二、资金营运活动内部控制要求

《指引》第四章从四个方面对资金营运活动提出了控制要求:

(一)资金营运过程的管理要求

事业单位应当加强资金营运全过程的管理,统筹协调内部各机构在生产经营过程中的资金需求,切实做好资金在采购、生产、销售等各个环节的综合平衡,全面提升资金营运效率。

资金收付要以业务发生为基础、授权部门审批应关注凭证的合法性、财务部门复核应关注相关手续的合法性、权责性和出纳付款手续的完整性。

(二)资金营运控制要求

事业单位应当充分发挥全面预算管理在资金综合平衡中的作用,严格按照预算要求组织协调资金调度,确保资金及时收付,实现资金的合理占用和营运良性循环。

事业单位应当严禁资金的体外循环,切实防范资金营运中的风险。

(三)资金调度会要求

事业单位应当定期组织召开资金调度或资金安全检查,对资金预算执行情况进行综合分析,发现异常情况,及时采取措施妥善处理,避免资金冗余和资金链断裂。

事业单位在营运过程中出现临时性资金短缺的,可以通过短期融资等方式获取资金。资金出现短期闲置的,在保证安全性和流动性的前提下,可以通过购买国债等多种方式,提高资金效益。

(四)会计系统控制要求

事业单位应当加强对营运资金的会计系统控制,严格规范资金的收支条件、程序和审批权限。

事业单位在生产经营及其他业务活动中取得的资金收入应当及时入账,不准账外设账,严禁收款不入账、设立"小金库"。

事业单位办理资金支付业务,应当明确支出款项的用途、金额、预算、限额、支付方式等内容,并附原始单据或相关证明,履行严格的授权审批程序,方可安排资金支出。

事业单位办理资金收付业务,应当遵守现金和银行存款管理的有关规定,不得由一人办理货币资金全过程业务,严禁将办理资金支付业务的相关印章和票据集中由一人保管。

这些要求比较具体明确,事业单位应严格执行,确保资金安全完整。

参 考 文 献

[1]《ERP 环境下的财务收支审计指南》课题组编.ERP 环境下的财务收支审计指南下 用友 NC 管理软件主要内控审计和数据分析 [M].北京：中国时代经济出版社,2014.

[2] 黄照强.高校财务管理于风险内控 [M].吉林出版集团股份有限公司,2019.

[3] 张雪.事业单位财务内控管理 [M].天津：天津科学技术出版社,2015.

[4] 高永博.基于内控制度下的高校财务管理 [M].吉林出版集团股份有限公司,2016.

[5] 姚凤民.深化财政改革背景下高校财务管理实践与内控风险防范探究 [M].北京：经济科学出版社,2019.

[6] 许大座.财务管理工具箱 1 内控体系和财务部管理 [M].北京：机械工业出版社,2013.

[7] 滕宝红.高效管理培训工具：财务内控制度的建立 [M].香港西迪商务出版公司,2003.

[8] 杨丹；何丹,逯东副主编.中级财务管理 [M].沈阳：东北财经大学出版社,2016.

[9] 马军生.内控漏洞识别与财务应对 [M].昆明：云南大学出版社,2014.

[10] 李建军.财务管理流程·制度·表格 [M].上海：立信会计出版社,2017.